Gérard Dréan

B.A. BA d'économie à l'usage du citoyen ordinaire

...

...

et des autres

du même auteur

L'industrie informatique – structure, économie, perspectives
Paris, Masson, 1996

(sélection et traduction) *Abrégé de l'Action Humaine, Traité d'Économie, de Ludwig von Mises* Paris, les Belles Lettres, 2004

(traduction) *Thomas Jefferson, Écrits Politiques* Paris, les Belles Lettres, 2006

août 2012

version 2 (révisée le 19 janvier 2013)

copyright Gérard Dréan

ISBN : 978-2-9542598-3-3

L'économie ne doit pas être reléguée dans les salles de classe et les bureaux de statistique, et ne doit pas être abandonnée aux cercles ésotériques. C'est la philosophie de l'action et de la vie humaine : elle concerne tout le monde et tout[1].

Ludwig von Mises, L'action humaine, traité d'économie (1949)

En économie politique, les plus grandes erreurs proviennent de ce qu'on oublie les vérités les plus évidentes[2]

John Stuart Mill, Principes d'Économie politique (1848)

Un traité d'économie politique se réduira alors à un petit nombre de principes, qu'on n'aura pas même besoin d'appuyer de preuves, parce qu'ils ne seront que l'énoncé de ce que tout le monde saura, arrangé dans un ordre convenable pour en saisir l'ensemble et les rapports

Jean-Baptiste Say, Traité d'économie politique (1803)

1

Economics must not be relegated to classrooms and statistical offices and must not be left to esoteric circles. It is the philosophy of human life and action and concerns everybody and everything. (Human Action, a treatise in economics, chapitre 38, section 6)

2   *in political economy the greatest errors arise from overlooking the most obvious truths.* (Principles of Political Economy, chapitre 3)

Table

Introduction

L'économie nous concerne tous. Notre existence quotidienne en dépend. On ne peut pas comprendre notre monde, et encore moins prétendre le gouverner ou le changer, sans comprendre le fonctionnement de l'économie.

Mais comment ? Certainement pas en assistant à des débats où les adversaires, tous aussi titrés et savants, s'envoient à la tête des chiffres invérifiables et se séparent encore plus opposés qu'ils étaient arrivés. Puisqu'ils disent des choses contradictoires, il y en a forcément qui se trompent, tout professeurs d'université qu'ils sont. Mais lesquels ont tort et lesquels ont raison ? L'économie a la réputation d'être une science absconse, accessible seulement à des initiés bardés de diplômes et rompus à l'usage des mathématiques. Comment juger leurs discours ?

Les politiques sont évidemment partisans : leur but n'est pas d'expliquer, mais de convaincre. Les ouvrages universitaires sont le plus souvent incompréhensibles pour le profane, ou développent des controverses qui vous paraissent sibyllines. Quand ils s'adressent au grand public, beaucoup se contentent d'habiller d'un discours savant les positions de leur famille politique. Quant aux journaux et autres faiseurs d'opinion, ils ne font le plus souvent que propager les modes intellectuelles du moment sans trop de sens critique.

Or toute cette agitation verbale repose sur une ignorance des faits les plus fondamentaux de la vie économique, qui sont littéralement à la portée de tous, mais que les savants choisissent d'oublier. Ce sont ces faits élémentaires que ce livre vous propose de découvrir, en laissant de côté les économistes et leurs théories, et en parlant tout simplement de notre vie quotidienne, qui est à la fois la substance et l'enjeu de l'économie. Par la suite, si vous ne perdez pas de vue ces faits fondamentaux, vous saurez mieux interpréter et juger les discours contradictoires dont vous êtes abreuvés.

Le réveil sonne. Sept heures et quart. Je me frotte les yeux, je m'étire et je me lève à regret. Je prends une douche, je passe un pantalon et je vais à la cuisine prendre mon petit déjeuner. Puis je me lave les dents, je m'habille et je pars travailler.

Ce réveil, cette salle de bains, ce pantalon, le bol de mon petit déjeuner, ma brosse à dents, mon dentifrice, d'autres que moi les ont fabriqués. Il a fallu que les employés de la compagnie de distribution d'eau en assurent le débit et la qualité. Avant tout cela, il a fallu extraire les métaux dont est fait mon réveil, poser les canalisations qui m'apportent l'eau, élever les vaches qui ont donné leur lait, et effectuer mille autres opérations indispensables. Quant à mon habillement, je ne peux pas dire mieux que l'économiste français du dix-neuvième siècle Frédéric Bastiat :

« Pour qu'un homme puisse, en se levant, revêtir un habit, il faut qu'une terre ait été close, défrichée, desséchée, labourée, ensemencée d'une certaine sorte de végétaux : il faut que des troupeaux s'y soient nourris, qu'ils aient donné leur laine, que cette laine ait été filée, tissée, teinte et convertie en drap : que ce drap ait été coupé, cousu, façonné en vêtement. Et cette série d'opérations en implique une foule d'autres : car elle suppose l'emploi d'instruments aratoires, de bergeries, d'usines, de houille, de machines, de voitures, etc.[3] »

Chacun des actes de ma vie et de la vôtre utilise ainsi des objets et des services que d'autres ont produits, sans me

---

[3]

Frédéric Bastiat – Ce qu'on voit et ce qu'on ne voit pas (1850) – Romillat (1993)

connaître et sans que je les connaisse. Ceux qui ont extrait le fer, posé les canalisations, ensemencé le champ de coton ou fabriqué le réveil ne savaient pas que leur travail aboutirait un jour à ce que je me réveille, prenne ma douche et m'habille pour la journée. Et à mon tour, à l'usine ou au bureau, je vais travailler pour des gens que je ne connais pas, en faisant des choses dont je ne comprends pas nécessairement toute l'utilité. Je peux construire des voitures ou des meubles, réparer des téléviseurs ou des robinets, mais je peux aussi veiller à l'approvisionnement d'un rayon dans un supermarché, pour que les consommateurs trouvent toujours ce dont ils ont besoin ; je peux être comptable et préparer un état pour l'administration fiscale ; je peux être directeur et dialoguer avec les délégués du personnel, embaucher un nouveau collaborateur, ou mener une réunion pour construire une stratégie, et ainsi travailler à la survie de l'entreprise qui produit ces voitures ou ces meubles, et fait vivre des centaines ou des milliers d'employés.

En échange du temps et de l'énergie que je lui consacre, l'entreprise qui m'emploie me verse un salaire, une certaine quantité de monnaie avec laquelle je peux me procurer ce que je veux en l'échangeant avec d'autres personnes ou d'autres entreprises contre ce qu'elles peuvent me proposer. Je fais des choses pour les autres, ils font des choses pour moi, et nous échangeons ce que nous produisons. **L'économie, c'est d'abord tout cela : les activités des êtres humains au service les uns des autres**.

Bien évidemment, échanger n'a d'intérêt que si nous faisons des choses différentes ; inversement, nous ne pouvons nous spécialiser dans des activités différentes que si nous pouvons échanger. La division du travail et l'échange, qui sont indissociables, les actes fondamentaux de produire et d'échanger, ainsi que la monnaie qui en est l'instrument, sont à la base même de notre société.

Essayons de faire l'inventaire de tout ce que nous utilisons dans notre vie quotidienne : vêtements, nourriture, médicaments, notre logement et tout ce qui le garnit, moyens de transport, gadgets, loisirs, etc. Et demandons-nous combien de travail il nous aurait fallu, et il nous faudrait encore chaque jour, pour fabriquer tout cela par nos propres moyens. Plusieurs vies n'y suffiraient pas, à supposer même que ce soit concevable ! Et comparons maintenant cela au temps que nous avons réellement consacré à travailler depuis notre naissance, qui n'est qu'une infime partie de celui qu'il nous aurait fallu pour obtenir le même résultat si nous étions seuls.

Nous touchons du doigt le paradoxe fondamental de l'économie : **chacun d'entre nous reçoit des autres infiniment plus qu'il leur donne.** Et c'est vrai de tous, y compris des plus démunis, de ceux que la vie ou le hasard a mis hors d'état de contribuer par leur travail, et même des cyniques qui refusent de « perdre leur temps à gagner leur vie » tout en entendant bien continuer à profiter du travail des autres. Comment est-il possible que chacun sans exception reçoive plus qu'il donne ? Beaucoup penseront que c'est grâce à la technologie, mais en réalité, ce qui fait la différence, c'est l'organisation sociale de la division du travail et de l'échange, sans laquelle les technologies n'existeraient pas et ne pourraient pas être exploitées.

Comment fonctionne donc ce gigantesque organisme qu'est la société économique ? Comment les humains s'organisent-ils pour faire ensemble ce qu'aucun d'entre eux ne pourrait faire seul ? Comment chacun décide-t-il de faire telle ou telle chose pour les autres ? Qu'est-ce qui les pousse à le faire ? Comment chacun sait-il ce que les autres font, ont fait ou sont prêts à faire pour lui ? Comment échangent-ils leurs services ?

A première vue, c'est un miracle. Je ne sais pas vraiment à qui ni à quoi va servir ce que je fais ; ceux qui conduisent les camions et inventent de nouvelles puces électroniques ne savent pas qu'un jour je me ferai livrer un nouvel ordinateur, et pourtant tout cela fonctionne et s'agence comme par miracle. Dans notre société, chaque chose trouve son prix, ceux qui l'ont fabriquée touchent leur salaire et peuvent à leur tour obtenir des choses que d'autres ont fabriquées, sans qu'une quelconque autorité suprême ait planifié tout cela.

Nous avons tous intérêt à ce que cet organisme fonctionne le mieux possible, car il s'agit du bien-être de chacun d'entre nous et de l'humanité. S'il y a des chômeurs, c'est parce que le système économique échoue à trouver une utilité à leurs compétences. Si des gens meurent de faim, c'est parce que le système échoue à leur apporter la nourriture dont ils ont besoin. Au contraire, si cet organisme fonctionne bien, chacun pourra plus facilement obtenir des autres ce qu'il désire, et chacun pourra mieux trouver sa place dans cette entreprise d'aide mutuelle qu'est la société humaine ; les hommes seront mieux nourris, mieux soignés, mieux vêtus. Au fur et à mesure que leurs besoins matériels seront mieux satisfaits, ils pourront se tourner vers d'autres satisfactions et d'autres activités plus nobles.

Mais bien sûr, cet organisme économique n'est pas parfait, et nombreux sont ceux qu'il laisse insatisfaits. Des docteurs vont donc se pencher sur lui, diagnostiquer les maladies dont il souffre et proposer des remèdes. **L'économie, c'est aussi cela : l'étude des dispositions sociales à travers lesquelles les êtres humains se rendent mutuellement des services, c'est-à-dire la division du travail et l'échange.**

Mais l'organisme économique est extraordinairement complexe. Il est formé de centaines de millions d'êtres humains, chacun avec ses propres idées, ses propres moyens, ses propres désirs et sa propre façon d'agir, et dont personne ne peut prévoir à coup sûr le comportement dans toutes les situations.

De plus, tous les phénomènes économiques ont deux faces : chacun est à la fois consommateur et producteur ; ce que je consomme, il faut que quelqu'un l'ait produit ; l'argent qui sort de ma poche venait de celle d'un autre et va dans celle d'un troisième. Le sort de chacun d'entre nous dépend des actions de tous les autres ; la prospérité et la misère, la croissance et la récession sont le résultat de nos actions et de nos interactions. Tout se tient, et il faut du temps et de la réflexion avant de commencer à discerner les rouages de ce gigantesque organisme et les lois qui le régissent.

Dans leur empressement à faire le bonheur de l'humanité, beaucoup voudront soigner avant d'avoir pris le temps de connaître la maladie, opérer sans aucune notion d'anatomie, réparer la machine avant de savoir comment elle marche. Des aspirants dictateurs affirmeront qu'ils détiennent le secret du bonheur universel, afin de soumettre leurs semblables à leur loi. Comme la médecine et pour les mêmes raisons, l'économie attire les charlatans et les escrocs, et trop de gens de bonne volonté leur font confiance. Mais en économie comme en médecine, intervenir à l'aveugle peut tuer.

Comment ne pas se laisser abuser ? Comment ne pas succomber aux promesses des politiciens et des idéologues de tous bords, qui fondent plus ou moins leur pouvoir sur l'ignorance des citoyens, tout en étant le plus souvent à la fois victimes et coupables de cette même ignorance ?

Fort heureusement, si les phénomènes économiques sont extraordinairement complexes et alimentent depuis des siècles les controverses des économistes, les éléments dont ils sont faits sont nos actes quotidiens, dont chacun d'entre nous a une expérience concrète et directe. Frédéric Bastiat (encore lui…) a écrit : « *Les faits économiques agissant et réagissant les uns sur les autres, effets et causes tour à tour, présentent, il faut en convenir, une complication incontestable. Mais quant aux lois générales qui gouvernent ces faits, elles sont d'une simplicité admirable, simplicité telle qu'elle embarrasse quelquefois celui qui se charge de les exposer ; car le public est ainsi fait, qu'il se défie autant de ce qui est simple qu'il se fatigue de ce qui ne l'est pas.[4] »*

Dans leur ardeur à déchiffrer la complexité des interactions et à proposer des remèdes, beaucoup d'économistes ont perdu de vue ces faits élémentaires, et se sont ainsi fait les complices plus ou moins involontaires des escrocs et des charlatans. En particulier, comme nous le verrons dans un chapitre ultérieur, la théorie actuellement dominante est extrêmement éloignée de la réalité, au point que ses plus farouches tenants considèrent comme inconvenant de rappeler les faits élémentaires, et traiteront donc le présent ouvrage par le mépris.

Ce sont pourtant ces lois générales « d'une simplicité admirable » que je me propose d'exposer.

La plupart des ouvrages qui s'adressent aux non-initiés partent des théories économiques en vigueur et cherchent à les présenter de façon simple. Ce n'est pas la démarche de ce livre. En effet, depuis plus d'un siècle, la plupart des économistes, y compris les plus célèbres, ont négligé de conserver à l'esprit les faits élémentaires qui sont le sujet du présent ouvrage, au point que leurs constructions théoriques ont perdu tout rapport avec la réalité et ne sont d'aucune aide pour la comprendre. A ce niveau élémentaire, on peut donc les ignorer sans dommage. C'est pourquoi je m'abstiendrai de toute référence à l'enseignement des universités et aux ouvrages spécialisés.

4

Frédéric Bastiat – Midi à quatorze heures (1847) – in Ce qu'on voit et ce qu'on ne voit pas (Romillat, 1993)

Nous partirons d'observations que chacun d'entre nous peut faire dans sa vie quotidienne, et nous en dégagerons les faits les plus fondamentaux de la réalité économique par une réflexion simple. En reliant ces faits les uns aux autres, nous commencerons à définir les notions fondamentales et à démonter les mécanismes élémentaires de l'économie réelle. Cette démarche ne fera appel qu'à l'observation et au raisonnement simple, et restera en particulier vierge de toute trace de mathématiques.

Élémentaire est pour nous le mot-clé. Le présent ouvrage veut l'être à tous les sens du terme. Il traite des éléments de la science économique, comme les mathématiques **élémentaires** ; il se veut très simple et facile à saisir par l'esprit (**élémentaire**, mon cher Watson[5] !) ; il est réduit à l'essentiel, au strict nécessaire, comme les besoins **élémentaires** de l'être humain.

Nous verrons que cette démarche peut déjà nous mener assez loin dans la compréhension des phénomènes économiques. Elle pourra au moins nous aider à considérer les grandes théories d'un œil critique et nous éviter de nous en remettre aux charlatans, même à ceux qui se parent du titre d'économistes.

Nous commencerons par examiner séparément les actes économiques élémentaires : l'échange au chapitre 1, puis son instrument qu'est la monnaie au chapitre 2. Nous passerons ensuite à la production (chapitre 3) et à la finance (chapitre 4). Puis nous ferons la synthèse au chapitre 5 en parlant du marché, dont la fonction est de réunir, de confronter et d'harmoniser l'ensemble des actes économiques. Nous parlerons ensuite du rôle économique de l'État au chapitre 6, et du progrès économique au chapitre 7.

---

5   Comme dit Sherlock Holmes dans les romans de Conan Doyle.

Chemin faisant, nous aurons découvert quelques caractéristiques des phénomènes économiques, qui s'imposent à toute réflexion visant à les comprendre, à les prévoir ou à les maîtriser. Nous comprendrons mieux le caractère spécifique de la discipline économique, et en quoi celle-ci se rapproche ou se distingue des autres sciences. Nous rassemblerons ces idées au chapitre 8.

A ce point, beaucoup seront sans doute perplexes, car ils n'auront pas reconnu ce qu'ils ont appris d'économie au cours de leurs études ou ce qu'ils en lisent dans la presse ou les livres à la mode. C'est pourquoi je présenterai dans le chapitre 9 les grands courants qui sont apparus dans l'histoire de la pensée économique, afin de confronter leurs constructions théoriques, et les doctrines politiques que certains ont cru pouvoir en déduire, à la réalité des phénomènes économiques que j'espère vous avoir fait d'abord découvrir.

Le moment sera alors venu de révéler enfin la tradition particulière à laquelle se rattache ce livre. Il aurait quand même été bien étonnant que, de tous les économistes passés et présents, aucun n'aie proposé les idées que je développe ici ! Mais j'attendrai la fin du dernier chapitre pour l'identifier.

J'espère ainsi contribuer au programme qu'énonçait un grand économiste injustement méconnu que je citais déjà en exergue :

« *L'économie ne doit pas être reléguée dans les salles de classe et les bureaux de statistique, et ne doit pas être abandonnée aux cercles ésotériques. C'est la philosophie de l'action et de la vie humaine, et elle concerne tout le monde et tout. C'est la moelle de la civilisation et de l'existence humaine de l'homme.*

Quiconque néglige d'examiner au mieux de ses aptitudes tous les problèmes en cause abdique volontairement ses droits innés à une élite de surhommes autoproclamée. Dans des affaires aussi vitales, une confiance aveugle en des « experts » et l'acceptation sans critique de slogans et de préjugés populaires équivaut à renoncer à se déterminer soi-même et à céder à la domination d'autres gens. Dans les conditions actuelles, rien ne peut être plus important pour chaque homme intelligent que l'économie. Il en va de son propre destin et de celui de sa descendance[6]. »

---

6   Ludwig von Mises – L'action humaine, traité d'économie (1949) - PUF, 1985

Chapitre 1
L'échange et la valeur

L'acte économique le plus simple et le plus courant, sur lequel repose toute l'activité économique, est l'échange.

L'échange libre

J'ai une pleine brouette de choux, et je rencontre Pierre qui a un plein panier de saucisses. Après avoir discuté un moment, il finit par me donner deux saucisses en échange de cinq choux. Nous sommes tous les deux contents, car nous allons pouvoir nous préparer de bonnes saucisses aux choux. Par ce simple échange, nous avons tous les deux augmenté notre bien-être, et pourtant nous n'avons créé aucun bien nouveau. L'échange est par lui-même créateur de satisfaction.

Soyons plus précis. Si cet échange s'est réalisé, c'est parce que chacun d'entre nous a pensé y gagner. Si l'un de nous deux avait pensé y perdre, il aurait refusé l'échange, et celui-ci ne se serait pas fait. Le simple fait que cet échange s'est réalisé, parce que Pierre et moi l'avons librement décidé, indique qu'il nous satisfait tous les deux, sinon bien sûr l'un de nous deux aurait refusé et l'échange ne se serait pas fait. **Première vérité fondamentale : tout échange libre augmente la satisfaction des participants.**

Bien entendu, nous pourrions nous être trompés et regretter cet échange après coup. Je peux être allergique aux saucisses sans le savoir, et découvrir que cet échange dont j'attendais tant m'envoie à l'hôpital. Mais qui pouvait le prévoir ? Et si quelqu'un le savait, que pouvait-il faire d'autre que m'avertir ? Avait-il le droit de m'en empêcher autrement que par la persuasion ? Nous n'aborderons pas ces questions, qui sont des questions d'éthique et non d'économie. Dans la suite, nous supposerons toujours que chacun est le meilleur juge de son propre bien-être, même au risque de se tromper.

Pourquoi Pierre et moi sommes-nous tombés d'accord pour échanger précisément cinq choux contre deux saucisses ? Si j'avais pu obtenir trois saucisses au lieu de deux, ou si j'avais pu ne donner que quatre choux pour ces deux saucisses, je serais certes plus satisfait, mais Pierre l'aurait été moins, et il aurait peut-être refusé l'échange. Il en va de même, en sens inverse, pour Pierre : lui aussi aurait préféré d'autres échanges, mais alors c'est moi qui n'aurais pas été d'accord. L'échange ne se serait pas fait, et nous n'aurions mangé de saucisses aux choux ni l'un ni l'autre.

Autrement dit, même si nous aurions chacun de notre côté préféré d'autres échanges, nous avons quand même préféré faire celui-là plutôt que rester sur notre faim. Nous avons considéré cet échange comme le meilleur de ceux que nous pensions réellement possibles. Donc, d'une certaine façon, ce taux d'échange de cinq choux contre deux saucisses est le meilleur possible (« optimal » disent les économistes) pour Pierre et moi pris ensemble, alors qu'il est loin d'être le meilleur que nous ayons pu imaginer chacun de notre côté avant de nous rencontrer.

Une autre façon de dire la même chose est que je peux imaginer des échanges qui me satisferaient mieux, mais que je ne trouve personne pour les réaliser avec moi. Quant à ceux qui sont réalisables parce que je trouve quelqu'un qui les accepte, je reste libre de les réaliser ou non. Seuls les échanges qui satisfont les deux parties se réalisent. Les échanges effectivement réalisés sur un marché libre sont ceux qui satisfont le mieux les parties prises ensemble, et donc d'une certaine façon les meilleurs « socialement » possibles, à défaut d'être les meilleurs imaginables par chacun des participants pris individuellement, ou par un observateur tiers.

Les échanges contraints

Bien sûr, nous aurions pu ne pas trouver d'accord, et nous serions restés, moi avec mes choux, Pierre avec ses saucisses. Nous n'avons pas fait un autre échange, tout simplement parce que l'un des deux pensait y perdre.

Aurions-nous eu tort ou raison de nous séparer sans avoir cédé ? Imaginons que Jacques nous force à faire cet autre échange dont Pierre ne veut pas. Je serai content de ne donner que quatre choux au lieu de cinq pour avoir mes deux saucisses. Ma satisfaction aura augmenté, mais Pierre aura deux saucisses de moins et quatre choux de plus, alors qu'il aurait préféré garder toutes ses saucisses : sa satisfaction aura donc diminué. J'y aurai gagné (à mes propres yeux) et dans son opinion à lui, il y aura perdu.

Le gain de l'un compense-t-il la perte de l'autre ? Pour Jacques sûrement : s'il nous a forcé à faire cet échange, c'est qu'il a une raison, quelle qu'elle soit, de préférer la situation dans laquelle nous nous trouvons maintenant à celle où nous étions avant. Mais son opinion doit-elle prévaloir sur celle de Pierre qui pense le contraire, et qui est beaucoup plus directement affecté ? Un autre tiers aurait d'ailleurs pu avoir une opinion différente.

Au lieu de rencontrer Pierre, j'aurais pu rencontrer Fred, un truand qui m'aurait volé mes choux. Il en aurait sans doute été très satisfait, mais ma propre satisfaction aurait été fortement négative ! Ou Robin des Bois aurait pu passer par-là et me forcer à faire cadeau de dix choux à ce pauvre Steve. Dans ces deux cas, j'aurais été moins satisfait que dans l'échange libre que j'ai conclu avec Pierre. Fred le truand et Robin des Bois, eux, auraient été satisfaits, mais si ça se trouve, Steve, le protégé de Robin des Bois, n'aime pas les choux !

Dans tous les cas où l'échange a lieu sous la contrainte, un des deux partenaires est forcément moins satisfait que dans l'échange libre, et en général un autre l'est plus. Mais ceci compense-t-il cela ? Peut-on quand même dire si la situation des deux, pris ensemble, est meilleure ou moins bonne ?

Il faudrait pour cela mesurer les degrés de satisfaction de chacun dans les divers cas, et les additionner pour calculer une satisfaction totale. Or ni mon degré de satisfaction ni le vôtre n'est mesurable comme peuvent l'être les longueurs ou les poids. En tous cas nous ne le mesurons pas dans nos actions réelles, et même si un savant pouvait en définir une mesure, elle ne serait pas assez fiable pour justifier qu'un tiers nous impose un échange contre notre volonté.

La valeur

Qu'est-ce alors que la « valeur » des choses, dont l'étude occupe les économistes depuis des siècles ? On peut donner au mot « valeur » tant de sens différents qu'il serait préférable de ne jamais l'employer, tellement il est source de confusion.

Si je donne cinq choux pour avoir deux saucisses, c'est que j'éprouve plus de désir, au moment de cette transaction, pour les deux saucisses que j'obtiens que pour les cinq choux que je cède. Autrement dit, je pense obtenir plus de satisfaction de ces deux saucisses que de ces cinq choux. C'est le premier sens du mot « valeur » : l'intensité du désir qu'un être humain éprouve pour un bien. On dira que j'attache plus de valeur à deux saucisses qu'à cinq choux si j'ai plus envie d'avoir deux saucisses que d'avoir cinq choux. Notons dès maintenant qu'il n'existe pas d'unité d'envie, et qu'il est donc impossible de mesurer ce désir.

Pour échanger cinq choux contre deux saucisses, encore faut-il que je rencontre quelqu'un qui, au même moment, est prêt à donner deux saucisses pour avoir cinq choux, et a de ce fait une perception des valeurs opposée à la mienne. Faute de rencontrer une telle personne, l'échange ne se produira pas.

Les échanges n'ont lieu que si des gens différents ont des désirs et des possibilités complémentaires au même moment, c'est à dire des perceptions de la valeur opposées pour certains biens. C'est d'ailleurs précisément cette différence dans les perceptions qui rend l'échange créateur de satisfaction. Au moment où il se réalise, il satisfait en tout état de cause deux désirs, même s'il déçoit après coup. Dans le jargon des économistes, on parle souvent de valeur *ex ante* pour parler du désir préalable à l'action, de valeur *ex post* pour la satisfaction effectivement ressentie après l'action.

Donc, Pierre et moi avons des opinions différentes de la valeur relative des choux et des saucisses. Votre propre opinion sur le sujet a toutes chances de n'être ni celle de Pierre ni la mienne, et d'autres personnes ont des appréciations encore différentes. Est-il utile de se demander lequel a raison, c'est à dire quelle est la « vraie valeur » d'un chou (exprimée en saucisses) ?

La question est en réalité totalement dénuée de sens. Chacun peut, pour son propre compte, comparer la satisfaction qu'il tire de deux choses différentes : je préfère bien ces deux saucisses à ces cinq choux. Mais un autre peut tirer de tout autres satisfactions de ces mêmes saucisses et de ces mêmes choux. Il n'existe aucun moyen de comparer la satisfaction que deux personnes différentes tirent d'une même chose.

De plus, si j'ai tant envie de saucisses, c'est en partie parce que j'ai beaucoup de choux ; et si Pierre a tant envie de choux, c'est parce qu'il a beaucoup de saucisses. Demain, nos envies, autrement dit la valeur des choux et des saucisses, seront peut-être très différentes pour chacun de nous.

Au total, chacun d'entre nous peut avoir son opinion à un instant donné, mais il n'existe pas d'opinion sur de telles comparaisons qui s'impose à tous à tout moment et qui puisse donner à la notion de « satisfaction » ou de « valeur » un caractère objectif. C'est une notion subjective et fluctuante : la valeur que vous et moi attachons à un objet change dans le temps, et il n'y a aucune raison pour qu'elle soit la même à un instant quelconque.

Comme la satisfaction dont elle exprime l'espoir, la valeur n'est pas une grandeur mesurable : il n'existe pas d'unité d'envie, de désir ou de satisfaction, et donc pas d'unité de valeur. Il n'existe pas non plus d'instrument de mesure pour faire correspondre à mon état de contentement un nombre précis.

Cette impossibilité subsiste aussi bien pour la satisfaction qu'on ressent après avoir agi, par exemple après l'échange, que pour la satisfaction qu'on espérait avant d'agir. Et ça reste vrai quels que soient les mots qu'on emploie. Au lieu de « satisfaction », on peut dire « utilité » ou « valeur », voire préciser « valeur d'usage » ou « valeur d'échange » comme le font beaucoup d'économistes. Les mots ne changent rien : ce qu'ils désignent est purement subjectif et ne peut être ni mesuré, ni comparé, ni additionné.

Donc, deuxième vérité fondamentale : la valeur, c'est à dire la satisfaction espérée ou réelle, n'est pas une grandeur mesurable et il est impossible à qui que ce soit de comparer ou d'additionner la satisfaction de deux personnes différentes.

Dans tout ce livre, quand nous utiliserons le mot « valeur » sans autre précision, ce sera toujours pour désigner la satisfaction qu'un être humain espère tirer (valeur *ex ante*) de la possession d'un bien ou plus généralement d'une action quelconque. C'est en effet le vrai moteur des actes économiques, même si la valeur *ex ante* repose sur une estimation de la valeur *ex post* : en termes courants, si j'ai envie de manger de la saucisse aux choux, c'est parce que j'espère que je trouverai ça aussi bon que les fois précédentes.

Savoir comment chacun de nous attribue telle ou telle valeur à tel ou tel bien ou telle ou telle action, en particulier comment se forme la valeur *ex ante* à partir de l'expérience de la valeur *ex post*, est une question qui relève de la psychologie. L'économie ne se préoccupe pas de savoir pourquoi j'aime mieux la saucisse aux choux que les choux tout seuls, ni pourquoi je suis prêt à donner cinq choux, mais pas plus, pour avoir deux saucisses. Elle se borne à le constater. Autrement dit, selon cette définition, la théorie de la formation de la valeur appartient à la psychologie et non à l'économie.

De même, l'économie ne doit pas faire de distinction entre différentes natures d'actions ou de biens. Si je dépense 40 euros pour aller écouter la Messe en si mineur de Bach ou acheter un recueil de poèmes de Rimbaud, c'est que je préfère Bach ou Rimbaud à ce que je pourrais me procurer d'autre avec cette même somme, par exemple un repas au restaurant ou quelques bouteilles de vin. En économie, il n'y a pas lieu de distinguer entre des biens « nobles » et des biens « vulgaires », ni entre le nécessaire et le superflu, ni entre le « besoin » et le « désir », ni entre le bonheur et la simple richesse. Chaque être humain agit selon sa propre conception de son propre bien-être, sur laquelle l'économiste en tant que tel n'a pas à porter de jugement.

Cette notion de valeur est fondamentalement différente de la notion de prix ou plus généralement de taux d'échange. Un taux d'échange est la quantité d'un bien qui s'échange effectivement contre une certaine quantité d'un autre bien. Dans l'échange entre Pierre et moi, le prix d'une saucisse a été deux choux et demi, et le prix d'un chou a été deux cinquièmes de saucisse. Les prix sont les seules grandeurs qu'on puisse réellement observer. L'étude de leur formation est l'un des domaines fondamentaux de l'économie, et nous y reviendrons.

Le marché

Généralisons un peu notre analyse de l'échange : Pierre et moi adorons tous les deux la saucisse aux choux, et nous avons bien à nous deux les ingrédients nécessaires pour en préparer de succulentes, mais ... nous ne savons cuisiner ni l'un ni l'autre ! Aucun échange ne nous avancerait à rien. Mais vient à passer Jeanne, une fameuse cuisinière qui a justement très faim. Voilà la solution ! Pierre va confier à Jeanne six saucisses et moi quinze choux, soit la même proportion de cinq choux pour deux saucisses que précédemment. Jeanne va nous mitonner tout ça et nous en mangerons chacun le tiers.

Dans l'affaire, Jeanne a fourni non pas un bien matériel, mais un service que nous avons rémunéré en lui fournissant des biens matériels. Les échanges peuvent porter non seulement sur des choses que l'un possède et que l'autre désire, mais sur une activité que l'un est capable d'exercer et que l'autre désire le voir exécuter à son profit. On peut échanger non seulement des biens, mais aussi des services : le principe de l'échange peut être « *fais ceci pour moi, je ferai cela pour toi* » comme disait Frédéric Bastiat.

En traitant avec Jeanne, nous sommes passés d'un échange entre deux personnes à un échange entre trois personnes toutes volontaires, et nous y avons gagné tous les trois. Cette constatation peut être généralisée au cas où il y aurait non plus deux ou trois personnes qui se livrent à un échange, mais une multitude de personnes se livrant à une multitude d'échanges volontaires, quelles que soient les choses ou les services qu'ils échangent. Jeanne pourrait ne pas avoir de poêle, et nous serions alors tous les trois bien contents de trouver Joséphine qui en possède une, et qui accepte de nous la prêter en échange d'une ou deux saucisses !

Puisque chaque échange libre effectivement réalisé est créateur de satisfaction pour ses participants, l'ensemble de tous les échanges libres est créateur de satisfaction pour tous les participants. Autrement dit, tout le monde y gagne !

Soyons précis : il n'est évidemment pas vrai que tous les échanges imaginables par n'importe quelle personne seraient gagnants, mais seulement que les échanges qui se réalisent effectivement et sans contrainte sont nécessairement gagnants pour ceux qui les effectuent, pour la simple raison que si un seul de ces échanges était considéré comme perdant par une seule des personnes qui l'envisagent, cette personne ne l'accepterait pas et l'échange n'aurait pas lieu. Le marché agit comme un filtre : de tous les échanges imaginables, il ne retient que ceux qui satisfont les échangistes.

Je n'aurais pas mangé de saucisses aux choux si je n'avais pas rencontré Pierre, et si nous n'avions pas ensuite rencontré Jeanne. Il est clair que plus je rencontre de gens, plus j'ai de chances de trouver quelqu'un qui a envie de ce que je possède et qui est d'accord pour me donner en échange quelque chose qu'il a. Pour rencontrer des gens désireux d'échanger, le plus sûr est de me rendre au marché.

Un marché, c'est un endroit où se rencontrent les gens qui veulent échanger des choses ou des services, et par extension tout système ou institution qui permet à des gens de se rencontrer pour échanger, par exemple Internet. Et plus il y a de gens qui fréquentent un marché, plus chacun a de chances de trouver d'autres gens disposés à faire des échanges mutuellement avantageux. Si nous ne sommes que trois ou quatre, il y a de grandes chances que nous repartions tous bredouilles ; si nous sommes quelques centaines ou quelques milliers, beaucoup d'entre nous feront de bonnes affaires.

Si Pierre sait que beaucoup de gens cherchent des saucisses, il va s'arranger pour qu'on puisse le trouver facilement : il fera ce qu'on appelle de la publicité. Il y aura même peut-être des gens pour vouloir nous faciliter la tâche, par exemple en publiant une liste des marchands de saucisses ou en mettant en relation ceux qui offrent des choux avec ceux qui offrent des saucisses. Si la taille du marché le justifie, on verra se créer toutes sortes de services qui aident au bon fonctionnement du marché, donc augmentent la satisfaction générale (sont « créateurs de valeur » dans le langage des économistes). La production de biens matériels n'est pas seule créatrice de valeur, loin de là !

L'imperfection du marché

Quelles que soient sa taille et son organisation, le marché ne fait que nous offrir des possibilités. Rien ne garantit que je rencontrerai Pierre et Jeanne, ni que nous nous entendrons. On peut décrire ce qui constitue le marché et comment il fonctionne, mais on ne peut pas prévoir avec certitude si j'en utiliserai les possibilités ou si vous les utiliserez, ni à quel résultat nous aboutirons.

C'est la même chose au niveau général. On peut affirmer avec certitude que le marché produit de la satisfaction, mais on ne peut pas dire combien et pour qui. A côté de Pierre et de moi qui digérons béatement nos saucisses aux choux, il y en a qui repartent bredouilles, ou qui se sont fait voler. Il y a aussi des artistes qui espéraient obtenir de quoi manger en échange de leurs chansons, et qui repartent le ventre vide. Le fait que le marché produise globalement de la satisfaction pour le plus grand nombre n'empêche pas qu'il laisse certains insatisfaits. Ceux-là ne se priveront pas de clamer que le marché est « injuste ».

Mais pour chaque acteur, le marché représente le jugement intégré de tous les autres. A partir d'innombrables décisions subjectives, il produit ce qui ressemble le plus à des jugements objectifs devant lesquels chacun ne peut que s'incliner. On dit souvent « les marchés décident » ou « les marchés imposent ». En réalité, ce qu'ils m'imposent, c'est tout simplement ce que le reste de l'humanité m'impose. Condamner ou critiquer « les marchés », c'est condamner ou critiquer l'humanité réelle. Ceux qui « refusent la loi du marché » refusent en réalité les libres décisions des autres êtres humains.

Insistons sur le fait évident qu'un marché n'est pas une personne. Ce n'est qu'un lieu (éventuellement virtuel) où se confrontent des tas de gens qui ont des intérêts différents et souvent contradictoires, mais qui savent tous qu'ils dépendent les uns des autres. En effet, un marché ne fonctionne que s'il fait se rencontrer des gens qui ont des intérêts complémentaires. Ce qui en sort, c'est à dire des prix et des quantités échangées, n'est que le résultat de l'intégration des actions de tous ces gens.

Ceci nous donne un avant-goût de la nature des « lois économiques ». Leur essence est de décrire comment les êtres humains, dans leur ensemble, réagissent aux évènements économiques, tout en reconnaissant que ces réactions sont disparates, contradictoires et imprévisibles au niveau individuel. Ce sont des « lois » qui expriment des tendances générales, pas des certitudes chiffrables. Nous en reparlerons au chapitre 8.

L'étude du marché libre nous a montré qu'il produit un supplément de satisfaction pour ses participants pris dans leur ensemble, mais pas nécessairement pour chaque individu ou chaque groupe en particulier. Ceux à qui le marché a apporté plus de satisfaction que de désagréments le jugeront évidemment bon ; les autres le jugeront évidemment mauvais ; et les observateurs, écrivains, philosophes ou économistes, se rangeront du côté de ceux pour qui ils éprouvent le plus de sympathie. Si on veut porter des jugements, il faudra bien distinguer le jugement sur le fonctionnement du système du jugement sur la situation de tel ou tel individu ou groupe d'individus. Et pour bien comprendre la réalité, il faut rester au niveau de la simple description de ce qui existe, ce que ce livre se propose de faire.

Résumé

Les échanges n'ont lieu que si des gens différents ont des perceptions de la valeur opposées. Tout échange libre, et donc tout ensemble d'échanges libres, augmente la satisfaction des participants.

La valeur, qui est l'espoir d'une satisfaction, n'est pas une grandeur mesurable et il est impossible à qui que ce soit de comparer ou d'additionner la satisfaction de deux personnes différentes. Les prix sont les seules grandeurs économiques qu'on puisse observer.

Un marché est un lieu où se rencontrent des personnes qui ont des intérêts complémentaires. Le « jugement du marché » est le résultat intégré des jugements des autres êtres humains. Plus un marché est libre, vaste et bien organisé, plus il est créateur de satisfactions. Le fait que le marché produise globalement de la satisfaction n'empêche pas qu'il laisse certains insatisfaits.

Les « lois économiques », s'il en existe, ne permettent pas de prévoir avec certitude les évènements réels. Elles n'expriment que des tendances générales.

Les jugements économiques doivent bien distinguer le jugement sur le fonctionnement du système et le jugement sur la situation de tel ou tel individu ou groupe d'individus. Pour bien comprendre la réalité, il faut rester au niveau de la simple description de ce qui existe.

Chapitre 2
La monnaie et les prix

Il est temps de parler d'argent, ou plutôt de ce que les économistes appellent la monnaie, un instrument central de l'économie moderne. Comme c'est aussi l'objet de violentes passions, il est très facile de se faire des idées fausses à ce sujet. Il donc est plus que jamais nécessaire de ne pas perdre de vue les faits les plus élémentaires, et pour cela de revenir à Pierre, aux choux et aux saucisses.

Échange indirect et monnaie

Hier, je me suis régalé de saucisses aux choux ; mais aujourd'hui, ce qui me ferait vraiment plaisir, c'est une bonne perdrix aux choux. Malheureusement, je ne connais personne qui vend des perdrix, et mon copain Pierre n'a que des saucisses à me donner en échange.

Par contre, il connaît un chasseur, Arthur, qui pourrait peut-être me céder une perdrix, mais qui a horreur du chou et refuserait d'en accepter en échange. Mais Pierre croit savoir qu'Arthur adore les saucisses. Pour me rendre service, il propose donc de me donner quand même quatre saucisses en échange de dix choux, car il pense que je pourrai les échanger avec Arthur contre une perdrix, ou trouver un autre chasseur qui aurait justement envie de saucisses. Il pense ainsi m'aider, car il croit que les chasseurs ont probablement plus envie de saucisses que de choux.

Cette fois, je donne à Pierre quelque chose que j'ai (des choux) en échange de quelque chose dont je n'ai pas envie (des saucisses), mais que je compte échanger contre ce que je désire vraiment, une perdrix. C'est ce qu'on appelle un « échange indirect », où j'utilise les saucisses comme intermédiaire, comme « monnaie d'échange » dans le langage courant. **La monnaie, c'est tout simplement ça : un instrument d'échange indirect**.

Les saucisses sont-elles un bon moyen d'échange indirect ? Pas vraiment. Si Arthur les accepte, tant mieux ; mais j'ai quand même intérêt à posséder quelque chose qu'un maximum de gens sont prêts à accepter, ce qui n'est pas vraiment le cas des saucisses. De plus, ce sont des denrées périssables : si je les conserve trop longtemps, elles seront pourries et plus personne n'en voudra. Elles ne sont pas divisibles : comment ferai-je si je désire me procurer quelque chose qui vaut moins qu'une saucisse ? Enfin, elles sont relativement difficiles à transporter, surtout si je veux éviter qu'elles pourrissent.

Il y a deux façons de résoudre ces problèmes pratiques : le premier est d'utiliser comme moyen d'échange des objets incorruptibles, divisibles à l'infini et faciles à transporter. Depuis les temps les plus reculés, les hommes ont utilisé pour cela les métaux précieux, qui ont aussi une autre qualité très importante pour cet usage, comme nous le verrons plus loin : ils sont difficiles à trouver. Ce sont donc des pierres précieuses, ou des petits morceaux d'or et d'argent, qui ont le plus généralement servi d'intermédiaire dans les échanges.

La deuxième solution est la suivante : Pierre peut me remettre de simples bouts de papier où il a écrit « bon pour une saucisse à prendre chez Pierre ». Celui qui se trouvera en possession d'un tel bon et voudra le convertir en saucisses n'aura qu'à le présenter à Pierre qui lui donnera en échange une saucisse bien fraîche. Mais il peut aussi échanger ce bon contre une baguette de pain avec Jules, qui pourra alors s'adresser à Pierre pour obtenir une saucisse. Le papier aura pu circuler, pas les saucisses. Pierre vient d'inventer le papier-monnaie, dont nous reparlerons plus loin.

Résumons-nous : la monnaie, c'est d'abord des objets, des bouts de papier imprimés et des morceaux de métal ouvragés, que toute une population accepte en échange de biens ou de services réels. Pourquoi tout le monde accepte-t-il ces objets ? Parce que chacun est convaincu qu'il pourra ensuite les échanger contre d'autres biens réels, c'est à dire que les autres les accepteront aussi. Insistons sur ce point : ce qui fait de quelque chose une monnaie, c'est le fait qu'un très grand nombre de gens sont d'accord pour l'accepter en échange de ce qu'ils possèdent ou de ce qu'ils font.

La valeur de la monnaie est faite uniquement de la confiance qu'un groupe de personnes se font entre elles sur le fait que chacun l'acceptera en échange d'un bien ou d'un service. Cette confiance peut être renforcée par une institution qui garantit qu'elle-même l'acceptera toujours, ou imposée par une institution qui punit ceux qui ne l'acceptent pas, mais ce ne sont que des garanties annexes. A la base, la valeur de la monnaie résulte d'une convention sociale plus ou moins spontanée qui traduit la confiance que s'accordent mutuellement les membres d'un groupe humain plus ou moins étendu.

Les formes de monnaie

Il existe aujourd'hui de nombreuses formes de monnaie, dont la plus connue et la plus visible est la monnaie papier, à tel point que la plupart d'entre nous considèrent les billets de banque comme la seule véritable monnaie. Pourtant sa valeur est purement symbolique, et est entièrement assise sur la confiance des utilisateurs. Sur quoi repose donc cette confiance paradoxale dans le papier ?

Nous avons vu que ce sont des petits morceaux d'or et d'argent qui ont le plus souvent été utilisés comme monnaie. Mais transporter de l'or est à la fois mal commode, comme pour les saucisses de Pierre au début de ce chapitre, et dangereux à cause des voleurs. Des entreprises appelées banques ont donc proposé de conserver l'or et les autres objets précieux bien à l'abri dans des coffres, en échange d'un reçu remis à leur propriétaire. Si toute personne qui présente ce reçu à la banque est certaine de pouvoir récupérer l'or à tout moment, ce reçu a la même valeur que l'or et peut le remplacer dans son rôle de monnaie. C'est ce que certains économistes appellent des « certificats de monnaie ». Là encore, leur valeur repose entièrement sur la confiance que les utilisateurs ont dans le banquier.

Mais c'est là que le système commence à déraper. Si ce banquier est particulièrement malin et s'il a de nombreux clients, il va vite constater que les certificats qu'il a émis circulent assez longtemps, et que chaque jour très peu de porteurs de billets se présentent pour les échanger contre de l'or. En pariant que peu d'entre eux se présenteront à chaque instant, il va donc pouvoir émettre plus de billets qu'il possède d'or, ou prêter plus d'argent, ce qui lui rapporte des intérêts.

Ce faisant, le banquier prend un risque : celui de ne pas pouvoir rembourser, et donc de perdre la confiance de ses clients, si ceux-ci sont trop nombreux à lui demander de l'or en même temps. S'il est avisé, il prendra donc quelques précautions. Si par expérience, il estime que pour rembourser les billets qu'on lui présente chaque jour, il lui suffit d'avoir dans ses caves une quantité d'or qui couvre environ 20 % de la valeur des billets en circulation, il limitera le risque en ne créant de monnaie-papier que pour moins de cinq fois la valeur de l'or qu'il possède. Ces billets sont ce que certains économistes appellent des « substituts de monnaie ».

Bien entendu, il n'y a pas de différence concrète entre les « certificats de monnaie » et les « substituts de monnaie ». Ce sont exactement les mêmes billets. Il est impossible de les distinguer et tout le monde leur accordera la même confiance tant que la banque qui les a émis gère ses réserves de façon assez prudente pour toujours rembourser ceux qui le demandent.

Supposons qu'un jour, le banquier refuse de restituer de l'or en échange de billets qu'il a émis. La nouvelle se répandra progressivement, et la banque perdra la confiance du public. Ceux qui possèdent des billets de cette banque chercheront à s'en débarrasser au plus vite, et plus personne ne les acceptera. Ces billets perdront rapidement toute valeur, et la banque sera mise en faillite. Les banques ont donc intérêt à n'émettre leurs substituts de monnaie qu'avec prudence.

En réalité, les banques n'ont pas le droit d'imprimer des billets (donc le terme « billets de banque » est inapproprié). En revanche, elles peuvent tenir des comptes et imprimer des chèques, ce qui revient à peu près au même. Comment cela fonctionne-t-il ?

J'ai déposé 1000 euros sur un compte à la banque X, qui m'a remis un carnet de chèques. Pour payer les saucisses que j'achète à Pierre, je lui fais un chèque de 5 euros. Jadis, ce chèque pouvait être « au porteur » : Pierre pouvait le remettre à Paul, qui pouvait le remettre à Jacques, etc. Celui qui avait le chèque entre les mains pouvait à tout moment le présenter à la banque émettrice pour obtenir la quantité équivalente de « vraie » monnaie. Tout le monde savait cela, et tout le monde acceptait donc le chèque en paiement. Ce chèque jouait très exactement le rôle d'une monnaie.

De nos jours, en France, seul le premier bénéficiaire du chèque peut l'échanger contre de la monnaie. Pierre va donc remettre ce chèque à sa propre banque ; les banques s'arrangeront entre elles pour débiter mon compte de 5 euros, transférer 5 euros de ma banque à celle de Pierre et créditer son compte de 5 euros. Tout cela n'est qu'un jeu d'écritures, mais le résultat est bien que c'est maintenant Pierre qui peut présenter un chèque de 5 euros à sa banque pour obtenir de l'or. Le chèque a donc bien joué son rôle de « certificat de monnaie ».

En utilisant les techniques modernes de traitement de l'information, on peut remplacer l'échange de morceaux de papier par un simple échange de signaux électroniques qui auront le même effet, mais de façon quasi-instantanée. Pour authentifier l'origine de ces signaux, on peut utiliser des informations enregistrées sur un support portatif tel qu'une carte de crédit, qui devient ainsi un instrument de paiement. On voit que la monnaie, ou plus exactement les « certificats de monnaie », peuvent prendre des formes matérielles extrêmement diverses, depuis des pièces d'or ou d'argent jusqu'à des impulsions électroniques. Peu importe la forme matérielle tant que la confiance existe.

En résumé, la monnaie peut prendre la forme de pièces de métal, de billets dûment estampillés, mais aussi de traites, de chèques, d'enregistrements sur des supports informatiques, voire de simples morceaux de nappes de restaurant où quelqu'un a écrit « bon pour mille dollars » et a signé. Ce qui en fait une monnaie, c'est qu'il existe un assez grand nombre de personnes qui l'acceptent en échange d'un bien réel ou d'une autre forme de monnaie.

La monnaie et le marché

Dans une économie primitive, les agents troquent des biens ou des services contre d'autres biens ou services. Dans les économies modernes, presque tous les échanges sont indirects. La collectivité adopte un bien particulier pour servir d'intermédiaire dans les échanges, et toutes les transactions consistent à échanger des biens ou des services contre une certaine quantité de ce bien intermédiaire qu'on appelle monnaie. En rendant un service, on obtient de la monnaie : en donnant de la monnaie, on peut obtenir un service.

Le rôle principal de la monnaie est de faciliter les échanges, et de permettre des échanges qui ne pourraient pas avoir lieu autrement. Dans une économie de troc, le chanteur affamé devrait trouver un boulanger mélomane ; dans une économie monétaire, il peut d'abord obtenir de la monnaie en chantant pour des amateurs qui ne sont pas boulangers, puis acheter du pain avec cette monnaie chez un boulanger qui déteste sa musique. Avec un peu de chance, il peut même trouver un admirateur assez convaincu qu'il peut trouver un auditoire pour lui prêter de la monnaie et lui permettre ainsi de manger avant même d'avoir chanté.

Dans une société qui utilise la monnaie, des échanges (indirects) ont lieu qui ne se produiraient pas dans une société de troc. Et puisque tout échange libre est créateur de satisfaction, comme nous l'avons vu au chapitre précédent, l'existence de la monnaie est par elle-même indirectement créatrice de satisfaction grâce aux échanges supplémentaires qu'elle permet. Si la monnaie n'existait pas, notre artiste réduit au troc mourrait peut-être de faim.

Plus il y a de gens qui acceptent la monnaie que j'ai dans ma poche, et plus ces gens sont différents les uns des autres, plus j'ai de chances de trouver ce que je souhaite obtenir en échange de ma monnaie. Si chaque village avait sa monnaie, chaque habitant ne pourrait échanger facilement qu'avec les gens de son village ; dans les villages où il n'y a pas de charcutier, personne ne pourrait manger des saucisses, alors que si les gens de la ville voisine utilisent la même monnaie, je peux aller à la ville pour m'en acheter.

Une monnaie qui serait acceptée par tous les marchands de saucisses du monde, mais uniquement par eux, ne pourrait servir qu'à acheter des saucisses. Une monnaie qui ne serait acceptée que par un seul grand magasin permettrait d'acheter beaucoup de choses, mais uniquement dans ce grand magasin. La monnaie d'un pays permet d'acheter des choses uniquement dans ce pays. Une monnaie mondiale permettrait d'acheter partout, et donc de mieux satisfaire les désirs de tous.

Une monnaie est donc d'autant plus utile, ce qui est la même chose que dire qu'elle a plus de valeur, qu'elle est acceptée par un plus grand nombre de gens différents. Les monnaies nationales sont plus utiles que les « pseudo-monnaies » utilisées dans les systèmes d'échanges locaux, le dollar est plus utile que la couronne norvégienne et l'euro que le franc. Le simple remplacement des monnaies locales par une monnaie nationale, puis des monnaies nationales par une monnaie commune à un ensemble de pays est un facteur d'amélioration du bien-être général.

Monnaie, valeur et prix

Dans une économie monétaire, tous les échanges de biens ou de services se font en deux étapes : dans la première, je donne quelque chose pour obtenir de la monnaie, dans la seconde, j'obtiens quelque chose que je désire en donnant de la monnaie. Dans chaque cas, l'acte d'échange associe à un bien une certaine quantité de monnaie qu'on appelle son prix.

Mais comment se forment les prix ? Pourquoi une baguette de pain coûte-t-elle un euro, un ordinateur 500 euros et une voiture 15 000 euros ?

Restons pour le moment au niveau le plus élémentaire de l'échange simple entre deux agents. J'ai envie de saucisses. Je dispose d'une certaine quantité de monnaie, des sous, que j'ai gagnés en vendant des choux ou en chantant dans les cours. Je peux les consacrer soit à acheter des saucisses, soit à acheter d'autres choses. Je peux me dire que si je ne trouve pas de saucisses à moins de dix sous pièce, je préfère me passer de saucisses et garder mes dix sous pour acheter autre chose. Pour moi, une saucisse vaut au maximum dix sous. Pour Pierre qui a très faim, cette valeur peut être quinze sous et pour Paul qui est végétarien, cette valeur est nulle. Il s'agit bien dans tous les cas de la valeur subjective avant toute transaction, que nous avons appelée valeur *ex ante* au chapitre précédent. Les économistes parlent de « prix de réserve » : si je ne trouve pas de saucisses à ce prix, je réserve ma monnaie pour autre chose.

Chacun peut ainsi attacher par la pensée une certaine quantité de monnaie à chaque bien, ou plus généralement à toute transaction qu'il envisage, ce qui fait de la monnaie une sorte d'étalon de la valeur. De la même façon que je peux dire que pour moi, une saucisse vaut dix sous, je peux dire qu'un chou vaut deux sous, une voiture un million de sous, un pantalon cent sous et une place pour le prochain concert de Johnny Halliday quarante sous. La monnaie m'aide à exprimer et à comparer la valeur que j'accorde à des choses hétéroclites, c'est à dire l'intensité du désir que j'éprouve pour elles.

Mais cette notion de valeur est toujours subjective, approximative, variable d'agent à agent, et variable dans le temps pour chaque agent. Pour un végétarien amateur de musique classique, une saucisse ne vaut rien, un chou peut valoir dix sous et une place pour Johnny Halliday seulement cinq sous. Et quand je sortirai affamé du concert, une place pour le prochain vaudra moins pour moi qu'une bonne saucisse aux choux !

Une fois de plus, la notion de « valeur intrinsèque » d'un bien n'a pas de sens. La valeur n'est pas dans les choses, mais dans la tête de celui qui les envisage comme un moyen de satisfaire ses désirs. Personne ne peut l'observer et encore moins la mesurer. Chacun l'évalue pour son propre compte, et elle peut varier en permanence. Savoir comment elle se forme est le problème des psychologues, pas des économistes.

Maintenant, je vais au marché chercher un vendeur qui m'offrira des saucisses pour moins que les dix sous que je suis prêt à y consacrer. Les vendeurs, de leur côté, font un raisonnement analogue en sens inverse. Chacun a en tête un prix minimum qu'on appelle aussi « prix de réserve », en

dessous duquel il aime mieux conserver ses saucisses que les
céder, en espérant les vendre plus cher à quelqu'un d'autre.
Là encore, cette valeur n'est pas la même pour tous les
vendeurs, et chacun peut changer d'avis à tout instant.

Pour faire affaire, il faut que je trouve un vendeur de
saucisses dont le prix de réserve est inférieur à dix sous. Si
j'en trouve un qui est prêt à me céder une saucisse pour 7
sous alors que je suis prêt à lui en donner 10, nous pouvons
nous entendre sur un prix qui se situera entre 7 et 10 sous,
mais dont le niveau exact dépend de nos motivations et de
nos talents de négociateur respectifs. Cela traduit la vérité
première découverte dans le chapitre précédent : les
échanges n'ont lieu que si des gens différents ont des
perceptions de la valeur opposées.

Au total, j'aurai payé mes saucisses moins cher que je
n'étais prêt à le faire, et mon vendeur les aura vendues un
peu plus cher qu'il était prêt à le faire. Nous avons tous les
deux réalisé ce que les économistes appellent un « surplus ».
C'est tout simplement la traduction monétaire d'une autre
vérité première que nous avons découverte au chapitre
précédent : tout échange libre crée de la satisfaction pour ses
deux participants.

Les prix de marché

Chaque acte d'échange indirect effectivement réalisé fait
correspondre à une certaine quantité d'un bien une certaine
quantité de monnaie qu'on appelle son prix. Mais s'il existe
un marché, les divers prix qui se forment dans les
innombrables transactions particulières ne sont pas
indépendants les uns des autres. Il existe en effet dans les
marchés des mécanismes qui lient entre eux les prix d'un
même bien dans les différentes transactions.

Quand je veux acheter quelque chose, je vais faire le tour du
marché pour trouver le prix le plus bas possible, ou le
meilleur rapport qualité/prix. De même, les vendeurs vont

rechercher les acheteurs qui sont prêts à payer le plus cher. Ceux qui ont le plus de chances de trouver un partenaire pour réaliser un échange sont les demandeurs dont le prix de réserve est le plus élevé et les offreurs dont le prix de réserve est le plus bas. Seuls ceux-là feront affaire, et participeront ainsi à la formation des prix réels. Les offreurs trop voraces et les demandeurs trop pingres repartiront bredouilles et leurs estimations de la valeur seront sans effet sur la formation des prix.

Imaginons que, sur notre petit marché, les amateurs de saucisses en demandent au total 100, alors que les offreurs n'en ont que 50 à proposer. Ces derniers pourront alors choisir leurs clients, et bien sûr ils auront tendance à vendre leurs saucisses à ceux qui acceptent de payer le plus cher. Les prix réellement pratiqués, et donc le prix moyen, s'établiront à un niveau relativement élevé.

Supposons que la pénurie dure, et que les fabricants de saucisses, pour une raison ou pour une autre, continuent à n'en offrir que 50 sur le marché. Sentant la bonne affaire, ils essaieront de les vendre un peu plus cher. De leur côté, les vrais amateurs de saucisses se résigneront à les payer un peu plus cher. Dans ces conditions, les prix ne peuvent qu'augmenter.

En réalité, l'histoire ne s'arrête pas là. Voyant que les saucisses rapportent beaucoup d'argent, les vendeurs trouveront le moyen d'en apporter plus. De leur côté, certains demandeurs refuseront de payer aussi cher et achèteront plutôt du jambon. L'offre augmentera, la demande diminuera, et le marché des saucisses évoluera vers une situation dite « d'équilibre » où la quantité offerte sera égale à la quantité demandée, et où le prix restera stable jusqu'à la prochaine perturbation de l'offre ou de la demande.

Ce sera évidemment l'inverse si la quantité offerte est supérieure à la quantité demandée. Ce sont alors les demandeurs qui seront en position de force et pourront choisir entre les vendeurs : ils choisiront évidemment les moins chers. Les autres offreurs seront forcés de baisser leurs prix s'ils veulent écouler leur marchandise ; la prochaine fois, certains renonceront à venir au marché, et les autres offriront probablement des quantités réduites. Au total, l'offre de ce bien diminuera, et parallèlement la demande augmentera. Les mêmes phénomènes se reproduiront aux séances suivantes du marché, si bien que, de proche en proche, les prix de ce bien baisseront jusqu'à se rapprocher des prix de réserve des offreurs. En même temps, les quantités offertes se rapprocheront de ce que les acheteurs demandent.

Dans l'ensemble, on verra pour chaque bien baisser les prix qui sont trop élevés et augmenter ceux qui sont trop faibles, si bien que les différents prix pratiqués pour un même bien se rapprocheront les uns des autres. En même temps, on verra le prix des produits trop abondants diminuer, et les quantités offertes se réduire, tandis que les prix des produits rares augmenteront et qu'ils seront offerts en quantités croissantes.

L'étude des processus de formation des prix est un chapitre fondamental de la discipline économique. Pour le moment, contentons-nous de savoir que, quand un bien est offert en quantité surabondante, son prix baisse, et que si c'est la demande qui est excessive, le prix monte ; en même temps, des prix élevés appellent une augmentation de l'offre et une diminution de la demande ; des prix bas appellent une diminution de l'offre et une augmentation de la demande. Au total, avec le temps et en l'absence d'autres perturbations, l'offre et la demande ont tendance à s'équilibrer autour d'un prix unique pour chaque bien, appelé « prix de marché ».

La valeur de la monnaie

Revenons sur la valeur que chacun d'entre nous attribue aux différents biens qu'il envisage de se procurer. C'est par définition la quantité maximale de monnaie que j'accepte de donner en échange de ce bien : si on me demande une somme plus élevée, je préfère consacrer cette somme à d'autres usages Décider si j'accepte de payer le prix qu'on me demande pour un bien revient à comparer mon désir pour ce bien avec le désir que j'éprouve pour les autres choses que je peux me procurer avec la même quantité de monnaie.

A l'inverse, la monnaie dont je dispose me permet d'acheter tous les biens contre lesquels je suis prêt à échanger cette monnaie. Autrement dit, cette monnaie a une valeur pour moi : celle de ce que je peux me procurer avec. La valeur de la monnaie ne peut évidemment pas s'exprimer en monnaie, mais en biens. Quand j'ai échangé avec Pierre deux saucisses contre cinq choux, je pouvais dire indifféremment qu'une saucisse valait deux choux et demi, ou qu'un chou vaut deux cinquièmes de saucisse. Maintenant que j'échange un chou contre quatre pièces de un sou, je peux dire indifféremment qu'un chou vaut quatre sous ou qu'un sou vaut un quart de chou.

Mais pourquoi faut-il quatre sous pour acheter un chou, et pas deux sous ou six sous ? Nous venons de voir que les prix de marché, et donc la valeur de la monnaie, résultent du fonctionnement d'un processus extrêmement complexe où se confrontent les demandes et les offres de tous les agents pour tous les biens. En particulier, la quantité de monnaie disponible intervient tout comme le nombre de choux, de saucisses et de perdrix qui sont offerts.

Pour simplifier à l'extrême, imaginons un marché pour un seul bien, les choux, avec une monnaie qui ne sert que sur ce marché, le sou. Si les paysans apportent dix choux et les amateurs de choux cent sous, le prix d'un chou s'établira rapidement à dix sous et un sou vaudra un dixième de chou.

S'il y a toujours dix choux, mais si les clients disposent de deux cent sous au lieu de cent, un chou vaudra vingt sous et donc un sou vaudra un vingtième de chou. Si au lieu de pièces de un sou, les clients avaient dix pièces de un euro, les choux vaudraient un euro et l'euro un chou. S'ils avaient mille yens, le chou vaudrait cent yens et le yen un centième de chou. Mais dans tous les cas, il n'y a que dix choux à manger ! La vraie richesse, ce sont les choux, pas les sous ni les euros.

Imaginons maintenant que demain, les producteurs apportent vingt choux au marché, alors que les clients ont de nouveau cent sous à dépenser. Tout le monde est plus riche (en choux), alors qu'ils n'ont pas un sou de plus. Mais en face de ces cent sous, il y a maintenant vingt choux au lieu de dix. Le prix des choux baissera nécessairement, ou la valeur de la monnaie augmentera, ce qui est la même chose. A l'inverse, si les gelées réduisent le nombre de choux offerts, leur prix augmentera et la valeur de la monnaie diminuera.

Mais de la même façon, et c'est là le point important, si le nombre de choux reste le même et que c'est maintenant la quantité de monnaie qui varie, les prix monteront quand la quantité de monnaie augmente et baisseront si la quantité de monnaie diminue.

Rappelons-nous que la monnaie n'est qu'un intermédiaire dans les échanges de biens réels. Quand seule la quantité de monnaie varie, il n'y a aucune raison que Pierre et moi changions notre décision d'échanger deux saucisses contre cinq choux, même si les prix des choux et des saucisses, exprimés en monnaie, changent. Autrement dit, les prix changent, mais les taux d'échange entre biens réels restent les mêmes.

Par elle-même, la quantité de monnaie disponible n'a aucune importance, à condition qu'il existe physiquement assez de pièces et de billets pour que la monnaie puisse jouer son rôle d'intermédiaire dans tous les échanges. L'économie fonctionnerait de la même façon avec des milliards de lires qu'avec des millions d'euros, ou avec des milliards de nouveaux francs qu'avec des centaines de milliards d'anciens francs, comme les plus anciens l'ont constaté en 1960. Le prix des biens s'ajuste toujours à la quantité de monnaie disponible.

On ne saurait trop insister car cette évidence heurte le sens commun : **le nombre de francs, d'euros ou de dollars en circulation à un instant donné n'a par lui-même aucune importance.** Nous ne mangeons pas des pièces, nous ne nous soignons pas avec des billets ; les seules choses qui nous sont vraiment utiles, ce sont les biens réels que nous possédons et que nous pouvons acquérir par l'échange, pas la monnaie qui ne sert que d'intermédiaire temporaire. Les richesses, ce n'est pas l'argent, c'est les choses qu'on peut se procurer avec.

Mais si la quantité de monnaie qui existe à un instant donné n'a pas d'importance, les actions qui font varier la quantité de monnaie, que ce soit l'impression de nouveaux billets ou l'ouverture de nouveaux crédits, ont des conséquences concrètes. Pour les comprendre, examinons comment nous utilisons pratiquement la monnaie.

La monnaie et le temps

La monnaie est par définition un instrument d'échange indirect. Or les deux étapes de l'échange indirect ne sont pas simultanées : je commence par vendre quelque chose, donc par acquérir de la monnaie, puis j'achète autre chose avec cette monnaie. Entre temps, la monnaie peut rester plus ou moins longtemps dans ma poche où elle me sert de « réserve de valeur » ou de « pouvoir d'achat ».

On distingue souvent entre une monnaie qui circule et une monnaie thésaurisée enfouie dans des bas de laine. En réalité, la différence n'est qu'une question de degré. A l'exception de ce qu'on perd sur le trottoir et de ce que les touristes ont jeté dans les fontaines, chaque pièce et chaque billet sont toujours dans la poche ou dans le coffre-fort de quelqu'un. A chaque instant, des pièces et des billets changent de main de façon instantanée, mais il n'existe jamais d'argent qui n'appartienne à personne. Il est incorrect de distinguer entre une monnaie circulante et une monnaie immobilisée.

En revanche, je peux décider de conserver ma monnaie plus ou moins longtemps avant de l'échanger contre des biens réels, soit que je ne trouve pas immédiatement ce que je désire, soit que je veuille accumuler progressivement de la monnaie en vue d'un gros achat, soit que je veuille économiser en vue de périodes futures où je ne pourrai plus obtenir de la monnaie par mon travail, soit que j'aie des raisons de penser que la valeur de la monnaie va augmenter (ou le prix des choses diminuer, ce qui est la même chose).

Cette monnaie que je détiens est en somme une créance sur les biens réels qui existent à chaque instant. C'est une reconnaissance de dette qui m'a été remise par mes semblables en échange d'un service que je leur ai rendu, et qui m'autorise à obtenir d'eux à mon tour un service contre une certaine quantité de cette monnaie.

Cette reconnaissance de dette est interprétée et utilisée différemment selon les cas. Si elle est signée, c'est un chèque payable par un débiteur identifié à qui le détenteur fait confiance. Si elle est anonyme, c'est vraiment une monnaie : à chaque instant elle est entre les mains de quelqu'un qui pense pouvoir trouver quelqu'un d'autre qui l'acceptera et deviendra alors à son tour le détenteur de cette créance. On peut dire que dans ce cas, le débiteur est la société en général.

La créance que représente la monnaie est utilisable à la discrétion de son détenteur. Je peux choisir le moment où je présente cette dette à un autre membre de la société, ainsi que la personne à qui je la présente. Mais au moment où je présente cette créance à quelqu'un pour obtenir un bien réel, je ne peux rien obtenir d'autre que les biens réels que cette personne voudra bien me proposer. Si je désire un bien particulier, à moi de trouver la personne qui peut me le proposer ; et si cette personne ou ce bien n'existe pas, tant pis pour moi.

Jusque là, chacun des détenteurs successifs de cette créance a eu confiance et lui a accordé une valeur subjective. Quand je veux la transmettre à quelqu'un d'autre, je découvre la valeur que les autres lui accordent réellement, et qui peut être très différente. Les biens disponibles peuvent avoir évolué de telle façon que la monnaie a conservé la même valeur. Mais selon l'évolution de la production de biens réels, la monnaie peut aussi avoir perdu de sa valeur (si l'offre de biens a diminué) ou pris de la valeur (si l'offre de biens a augmenté). **La valeur de la monnaie dépend des biens réels disponibles à chaque instant.**

Entre le moment où j'ai obtenu cette monnaie en échange d'un service et le moment où je veux obtenir un service en échange de ma monnaie, les prix ont pu varier considérablement, que ce soit pour des raisons liées à l'économie réelle (nouvelles technologies de production, changement des goûts des consommateurs, etc.) ou par suite de changements dans la quantité de monnaie disponible.

La création de monnaie

Entre les deux étapes de l'échange, je voudrais que la monnaie que je possède conserve au moins la même valeur. Si je vends aujourd'hui un chou pour quatre sous, je voudrais bien que demain et les jours suivants, mes quatre sous me permettent au moins de récupérer mon chou, et de préférence un plus gros, ou quelque chose d'autre que je préfère à un chou. Sinon, évidemment, je garderai mon chou.

Or que se passe-t-il quand quelqu'un fait varier la quantité de monnaie disponible ? Supposons qu'il y ait 1000 sous en circulation ; les gens qui les possèdent se partagent les droits sur les biens et services disponibles. Si j'ai 200 sous, Pierre 500 et Jeanne 300, je peux revendiquer en gros deux dixièmes des biens qui sont proposés sur le marché, Pierre la moitié et Jeanne trois dixièmes.

Mais voilà que Fred le truand fabrique 1000 pièces de un sou, si bien imitées qu'elles sont indiscernables des anciennes. Il y a maintenant 2000 sous en circulation, et non seulement chaque sou ne vaut plus que la moitié de ce qu'il valait auparavant, mais Fred a maintenant la moitié des droits sur les biens et services disponibles, et Jeanne, Pierre et moi n'avons plus que la moitié de ce nous avions avant.

Comment notre appauvrissement se traduit-il concrètement ? Les biens réels disponibles sont restés les mêmes, mais il y a maintenant deux fois plus de monnaie, donc on peut s'attendre à ce que les prix doublent. Comme Jeanne, Pierre et moi avons toujours la même quantité de monnaie, nous pourrons acheter deux fois moins de choses. Fred, lui, peut maintenant acheter la moitié de tous les biens disponibles, sans avoir acquis ce droit en rendant des services à ses semblables. En imprimant de la monnaie, Fred nous a tous volés.

En réalité, les prix ne vont pas changer immédiatement ni uniformément. Tant que cette monnaie reste dans nos poches, rien ne change ; mais chacun va tôt ou tard la proposer à d'autres en échange de quelque chose qu'ils possèdent. Si Fred demande les mêmes choses que Pierre, Jeanne et moi, et dans les mêmes proportions, tous les prix vont doubler ; s'il demande des choses différentes, la demande pour les choses que demande Fred va augmenter par rapport à ce qu'elle était avant qu'il fabrique de la fausse monnaie, et donc les prix de ces choses vont plus que doubler. A l'inverse, le prix des choses qu'il demande moins que nous va moins que doubler.

Selon les destinataires de cette nouvelle monnaie, et selon les chemins par lesquels elle se répand dans la société, son introduction va entraîner progressivement des changements dans les prix de certains biens, qui vont globalement dans le sens de la hausse, mais ne sont pas les mêmes pour tous les produits. Plus encore, si la même quantité de monnaie avait été mise entre les mains d'autres personnes, les effets de son introduction auraient été différents.

Au total, la création de monnaie, quelle qu'en soit l'origine, enrichit les premiers qui reçoivent cette nouvelle monnaie et appauvrit tous les autres. La création de monnaie est un transfert de richesses sans contrepartie, l'équivalent d'un don à ceux qui en bénéficient et d'un vol à ceux qui en pâtissent. C'est pour éviter ça qu'il faut absolument que la monnaie soit difficile à créer, et qu'on a donc d'abord choisi d'utiliser comme monnaie des métaux précieux qui sont à la fois inaltérables et rares. C'est aussi pour cela qu'il doit exister des entraves sévères à la création de monnaie-papier, par exemple qu'elle puisse être changée à tout moment contre de l'or sur simple demande de son détenteur, comme cela a toujours été le cas jusqu'au milieu du vingtième siècle.

La concurrence entre monnaies

On ne saurait trop insister sur ce point : pour remplir correctement sa fonction de moyen d'échange indirect, un bien utilisé comme monnaie doit nécessairement être très difficile à créer. Sinon, et dans la mesure où les utilisateurs ont le choix, une monnaie trop facile à créer sera spontanément éliminée.

Imaginons qu'il existe plusieurs monnaies concurrentes en circulation, ce qui a été longtemps le cas dans le passé avec les écus, les doublons, les liards et bien d'autres dénominations. A ce stade de notre réflexion, peu importe que ce soit des monnaies émises par des banques locales ou des monnaies nationales comme le franc et le dollar. La plupart des gens préfèrent conserver celle qu'ils soupçonnent le moins de se déprécier, ce qu'ils peuvent estimer en observant l'évolution des prix des mêmes biens exprimés dans chacune des monnaies. Si les prix en euros augmentent plus vite que les prix des mêmes biens en dollars, ce qui est la même chose que de dire que l'euro se déprécie par rapport au dollar, je vais essayer de changer mes euros contre des dollars aussi vite que possible.

Autrement dit, tout le monde voudra payer dans la monnaie en laquelle il n'a pas confiance et conserver celle dans laquelle il a confiance. Seule la mauvaise monnaie circulera, et la bonne monnaie remplacera la mauvaise dans les portefeuilles. On dit souvent que « la mauvaise monnaie chasse la bonne » ; c'est vrai pour ce qui est visible, c'est-à-dire les échanges ; mais dans les portefeuilles et les coffres-forts, c'est au contraire la bonne monnaie qui chasse la mauvaise.

Mais pour la même raison, les gens accepteront de moins en moins la mauvaise monnaie, ce qui accélèrera encore sa perte de valeur. Pour s'en débarrasser, les plus malins préfèreront encore l'échanger à un taux réduit contre de la « bonne » monnaie avant qu'il soit trop tard. La mauvaise monnaie se dépréciera par rapport à la bonne jusqu'à perdre toute valeur, et à la fin du processus la bonne monnaie aura totalement remplacé la mauvaise. C'est probablement par un tel processus de sélection naturelle que l'or et l'argent ont été spontanément choisis comme monnaies.

Une création de monnaie trop rapide par rapport au rythme de création des biens réels porte donc en elle-même son propre châtiment. S'il existe dans un pays plusieurs monnaies concurrentes émises par des banques différentes, celles qui sont gérées imprudemment par leurs émetteurs perdront tôt ou tard leur valeur et seront éliminées ainsi que les banques qui les ont émises. Encore faut-il pour cela que chaque monnaie porte clairement l'identification de son émetteur et que celui-ci porte l'entière responsabilité de sa gestion.

L'État et la monnaie

Jusqu'à la fin du dix-septième siècle, la monnaie était une affaire privée et les rois devaient emprunter aux banquiers pour financer leurs guerres. Seuls l'or et quelquefois l'argent étaient acceptés comme monnaie. C'est pour échapper à cette contrainte que les États se sont arrogé à la fois le monopole de la création de monnaie et le droit de faire fonctionner la « planche à billets » pour créer des certificats de monnaie sous forme imprimée ou sous forme de disques de métal. Les rois pouvaient ainsi régler toutes leurs dépenses et financer leurs guerres avec de la monnaie créée *ex nihilo* (« à partir de rien » en latin).

On ne peut pas fabriquer de l'or à la demande, mais il est très facile d'écrire sur un bout de papier « bon pour un gramme d'or ». S'il se trouve quelqu'un pour croire que ce papier vaut réellement un gramme d'or, qui trouvera à son tour une autre personne qui le croit aussi, ce vulgaire bout de papier est de fait utilisé comme monnaie, et devient indiscernable des certificats de monnaie. C'est en substance ce qu'ont fait les banques centrales depuis le début du dix-huitième siècle.

On peut certes penser que l'action de la Banque Centrale Européenne est plus légitime que celle de Fred le faux-monnayeur, mais les résultats sont identiques. Celui qui crée de la monnaie s'attribue des droits sur les biens qui appartiennent aux autres, au détriment de leurs propriétaires légitimes en ce qui concerne les biens existants, et au détriment de ceux qui les produiront pour les biens à venir. Venant de l'État, ça peut être une politique délibérée, comme nous le verrons au chapitre 6, mais il faut bien savoir quels en sont les effets. On ne peut pas créer de la richesse en imprimant des billets. Plus on crée de nouvelle monnaie, quelle qu'en soit l'origine, et plus elle se déprécie.

Comme le papier que m'a remis Pierre et comme les sous qu'a imprimés Fred, les pièces et les billets que la banque centrale met en circulation représentent une créance sur les biens réels qui existeront au moment où leurs détenteurs voudront utiliser ces billets. Entre temps, ils ne valent que la confiance que nous leur accordons. Pour que ma confiance dans le « bon pour un gramme d'or » émis par l'État soit totale, il faudrait que l'État s'engage à me remettre un véritable gramme d'or en échange de ce bon, et donc s'astreigne à conserver dans ses caisses autant d'or qu'il a émis de bons. C'est ce qu'on appelle le régime de la **convertibilité** ou de **l'étalon or.**

Ce régime limite de façon très contraignante le pouvoir des États de créer de la monnaie pour financer leurs propres dépenses et redistribuer les richesses. Les États ont donc usé de leur pouvoir pour éliminer cette contrainte, et chaque État peut maintenant créer autant de monnaie qu'il le désire. Mais la règle fondamentale reste inchangée : personne ne peut vraiment créer de monnaie s'il ne crée pas la confiance, qui repose sur l'idée qu'on trouvera toujours quelqu'un pour échanger la monnaie contre un vrai bien à sa valeur indiquée. On suppose en particulier qu'en dernier ressort l'émetteur de la monnaie acceptera cet échange. Si l'émetteur est une personne privée en qui on a confiance, cette monnaie est « bonne » ; si on n'a pas cette confiance, même si l'émetteur est l'État, cette monnaie est « mauvaise ».

Si dans un pays il y avait effectivement plusieurs monnaies en concurrence, la monnaie mal gérée disparaîtrait et une autre prendrait sa place, comme nous l'avons vu. Certains y gagneraient et d'autres y perdraient, mais il pourrait toujours exister un moyen d'échange indirect efficace en lequel les gens auraient confiance. Ceux qui perdraient auraient ainsi la possibilité de limiter leurs pertes en changeant la mauvaise monnaie contre de la bonne alors qu'il en est encore temps

Si au contraire l'État impose une seule monnaie, et s'il la gère mal en en créant trop, tout le monde finira par y perdre, même ceux qui comme l'État ont bénéficié de la monnaie nouvellement créée. Un pays qui gère mal sa monnaie en en créant des quantités excessives ira de dévaluation en dévaluation ; sa monnaie nationale perdra progressivement toute valeur au bout d'une spirale infernale qu'on appelle « hyper-inflation ». Ses habitants préféreront des monnaies étrangères mieux gérées, ou inventeront spontanément une autre monnaie. Mais entre-temps, les désordres qu'aura engendrés sa gestion irresponsable auront causé beaucoup de dégâts irréversibles.

Le crédit

Outre les faux monnayeurs et l'État, il existe une troisième façon de créer de la monnaie, sans créer en même temps une contrepartie sous forme de biens réels. C'est ce que font chaque jour les banques en accordant des crédits.

L'argent qui est sur mon compte peut avoir deux origines : de l'argent que j'ai déposé ou un crédit que me consent la banque ; dans ce deuxième cas, le chèque est un « substitut de monnaie ». Comme précédemment, rien ne distingue l'un de l'autre aux yeux de la personne qui les détient. En me consentant un crédit sans augmenter ses réserves de la même somme, ma banque a créé de nouveaux moyens de paiement, c'est à dire de la monnaie.

Comme nous l'avons vu, pour me consentir ce crédit, la banque doit se prémunir contre le risque de faire faillite au cas où trop de gens réclameraient ensemble le remboursement de leurs dépôts. Si elle estime que pour 100 euros de crédit, elle doit avoir 20 « vrais » euros dans ses coffres, elle ne me prêtera ces 100 euros que si elle trouve le moyen de se procurer 20 euros auprès d'une autre banque réputée très fiable.

Dans notre système, ce sont les banques centrales émettrices de monnaie qui jouent ce rôle appelé « prêteur en dernier ressort ». Bien sûr, elles ne rendent pas ce service gratuitement ; elles prêtent leur propre monnaie contre un intérêt dont le taux est souvent appelé « taux de base » ou « taux directeur ».

En fixant ce taux d'intérêt, la banque centrale influence la création de monnaie par les banques. Si elle augmente ses taux, les banques vont lui demander moins de prêts et donc créer moins de monnaie-crédit. De plus, les taux d'intérêt que la banque demande à ses propres clients sont nécessairement supérieurs au taux que demande la banque centrale, la différence servant à rémunérer le service que rend la banque et le risque qu'elle prend. Donc si le taux de base augmente, les taux d'intérêt du marché auront aussi tendance à augmenter, et donc la demande de crédits sera moindre.

A l'inverse, quand la banque centrale diminue ses taux, c'est une invitation au marché à demander plus de crédit et aux banques à en accorder plus. C'est de cette façon qu'à travers leurs taux d'intérêt, les banques centrales favorisent ou freinent la création de monnaie-crédit par les banques. Mais si la méthode est différente, jouer sur le taux de base et non imprimer des billets, le résultat est le même : enrichir les bénéficiaires des prêts en appauvrissant tous les autres, sauf que cette fois ce sont les banques et non plus l'État qui choisissent les bénéficiaires de cet enrichissement.

Monnaies locales et taux de change

Il existe aujourd'hui presque autant de monnaies que d'États, soit environ deux cents, et il est généralement possible d'échanger chacune de ces monnaies contre une autre à un prix appelé « taux de change ». Comment sont déterminés ces taux et en quoi influent-ils sur la vie économique ? Pour commencer à le comprendre, revenons à nos choux, à nos saucisses et à nos perdrix.

En me promenant au loin, je découvre un nouveau village que personne ne connaissait. Ses habitants l'appellent Bernac et élèvent de magnifiques oiseaux qu'ils appellent des dindes, dont ils font des plats succulents. Je voudrais bien leur en acheter un, mais ils ne veulent pas de mon argent car ils utilisent une monnaie différente, le nickel, et ils ne sauraient quoi faire de mes sous.

Heureusement, quand je parle de notre village aux bernacois, ils découvrent que nous avons des choses qu'ils n'ont pas et qu'ils voudraient bien se procurer, par exemple des choux. Nous pourrions bien sûr procéder à des échanges directs (le troc) mais c'est encore plus difficile qu'à l'intérieur de notre village à cause de la distance.

Nous trouvons alors un arrangement : ils acceptent mes sous parce que je les ai convaincus qu'ils pourront les utiliser pour nous acheter des choses, et nous accepterons leurs nickels car nous pourrons les utiliser pour acheter des choses aux bernacois. Et si j'ai des nickels et que je n'ai envie d'aucun produit bernacois, je pourrai probablement les utiliser pour acheter des saucisses à Pierre ou des perdrix à Arthur, à condition qu'eux-mêmes envisagent d'aller faire des emplettes à Bernac. Je trouverai donc des gens de mon village qui acceptent me donner des sous en échange des nickels dont je ne saurais que faire, car ils ont souvent l'occasion d'aller à Bernac et d'y dépenser des nickels.

Mais combien de sous me donneront-t-ils en échange ? Autrement dit, quel est le taux de change du nickel contre le sou ? Facile : s'il me faut 10 sous pour acheter une saucisse dans mon village et 5 nickels pour acheter la même saucisse à Bernac, alors je n'accepterai pas moins de 2 sous pour 1 nickel. Pour moi un sou vaut la moitié d'un nickel, et un nickel vaut deux sous.

Mais qu'en est-il pour Pierre, qui ne s'intéresse qu'aux dindes ? Il peut en acheter une pour 40 sous ici, alors que les Bernacois en demandent 30 nickels. Il n'acceptera donc pas moins de 1,33 sous pour un nickel. Pour lui, un sou vaut 0,75 nickel et un nickel vaut un sou et demi. Nous retrouvons ce que nous avons déjà dit : la valeur d'une monnaie, c'est la valeur de ce qu'on peut acheter avec, et cette valeur, comme celle de n'importe quoi d'autre, varie d'individu à individu.

Pendant ce temps, le commerce avec Bernac se développe. Certains y vendent plus qu'ils n'y achètent, et accumulent des nickels. D'autres voudraient y acheter plus qu'ils n'y vendent, et voudraient donc se procurer des nickels. Il apparaît donc dans les deux villages un marché des monnaies où on échangera des sous contre des nickels et réciproquement. Ce marché fonctionne comme n'importe quel marché : il y a des offres et des demandes, des prix de réserve, des transactions, et un prix de marché finit par émerger de la confrontation de toutes les offres et de toutes les demandes.

Dans mon village, le prix d'un nickel, exprimé évidemment en sous, est une estimation de la valeur de ce qu'on peut acheter à Bernac avec un nickel, telle qu'elle résulte de la confrontation des opinions de tous les villageois. Nous avons vu que Pierre pense que cette juste valeur est 1,5 sou, tandis que je pense que c'est 2 sous. En tenant compte des opinions de tous, le marché convergera probablement vers une valeur qui ne sera ni mon estimation ni celle de Pierre, mais une valeur comprise entre les deux, par exemple 1,7 sou pour un nickel (environ 0,6 nickel pour 1 sou).

L'ensemble des villageois aura donc décidé, à travers le marché des monnaies, que contre les 10 sous qu'il faut ici pour une saucisse, on peut obtenir 6 nickels, donc plus qu'il n'en faut pour acheter une saucisse à Bernac. Et contre les 4 sous qu'il faut ici pour un chou, on peut obtenir 2,4 nickels, ce qui n'est pas assez pour acheter un chou à Bernac. Autrement dit, compte tenu de ce taux de change, les choux sont plus chers à Bernac qu'ici et les saucisses sont moins chères.

Tous les gens du village vont donc acheter de préférence leurs saucisses à Bernac et leurs choux ici, parce que c'est ce qui leur coûtera le moins cher. L'inverse sera vrai à Bernac. Bernac va progressivement se spécialiser dans la production des saucisses et notre village dans celle des choux, ce qui est d'ailleurs ce que chaque village fait relativement le mieux. Au total, les deux villages produiront plus ensemble et spécialisés que s'ils étaient restés isolés. En tant que consommateurs, tous y ont intérêt. Nous reparlerons de la division du travail dans le chapitre 3.

Mais en tant que producteurs d'un bien particulier, nous avons des opinions différentes. Ceux qui produisent mieux que les gens de Bernac vont se réjouir de pouvoir « exporter », tandis que ceux qui produisent moins bien voient leur clientèle se réduire et risquent de devoir changer de métier.

Par exemple, Pierre le fabricant de saucisses est furieux de voir ses clients aller acheter leurs saucisses à Bernac. Pour se défendre, il va sans doute aller voir le maire pour lui demander d'imposer un taux de change d'au moins 2 sous pour un nickel. Il veut que le sou soit, comme on dit, une monnaie « faible » pour être protégé contre les producteurs bernacois, et même pouvoir exporter. Au contraire, les producteurs de choux sont parfaitement satisfaits.

A Bernac, ce sont les producteurs de choux qui iront voir le bourgmestre pour lui demander de protéger leur industrie et imposant un taux de change d'au moins 0.75 nickel pour un sou, c'est à dire au plus 1.33 sou pour un nickel, alors que les producteurs de saucisses défendront le statu quo.

Que doivent faire le maire et le bourgmestre ? Nous en reparlerons au chapitre 6 à propos de l'État.

Résumé

La monnaie est un instrument d'échange indirect. Ce peut être un bien réel comme l'or ou l'argent, ou un symbole comme un billet de banque, un chèque ou un enregistrement sur un support informatique. Sa valeur repose entièrement sur la confiance que les gens l'accepteront en échange de biens réels.

La monnaie rend possible des échanges qui ne se feraient pas sans la possibilité d'échanges indirects. Sa simple existence est un facteur de bien-être. Elle est d'autant plus utile, c'est à dire a d'autant plus de valeur, qu'elle est acceptée par un plus grand nombre de personnes, et de personnes variées.

Puisqu'on peut l'échanger contre n'importe quel bien ou service, la monnaie peut être utilisée comme étalon de la valeur. Mais, même exprimée en monnaie, la valeur des choses est une notion subjective, propre à chaque individu et à chaque instant, non observable et non mesurable.

A travers des mécanismes sociaux extrêmement complexes dont l'étude est l'un des sujets centraux de la discipline économique, les échanges font apparaître des prix en monnaie pour chaque bien. Contrairement à la valeur, les prix sont des phénomènes objectifs et observables.

La valeur que chacun accorde à la monnaie est la valeur qu'il accorde aux biens qu'il pense pouvoir acheter avec. Elle dépend en particulier des biens disponibles et de la quantité totale de monnaie disponible. La monnaie que détient un individu représente une créance sur les biens qui existent au moment où il décide d'utiliser cette monnaie. Entre le moment où on acquiert de la monnaie et le moment où on décide de l'utiliser, il se produit des évènements qui peuvent modifier la valeur de la monnaie.

Créer de la monnaie ne crée aucune richesse réelle, mais donne des droits sur les biens réels à ceux entre les mains desquels apparaît cette monnaie, sans qu'ils aient eux-mêmes contribué à la création de biens. Quel qu'en soit l'auteur, cette opération bénéficie à ceux entre les mains de qui la monnaie apparaît et lèse les possesseurs actuels de monnaie.

Pour jouer correctement son rôle, la monnaie doit être très difficile à créer. Une monnaie créée en abondance sera progressivement éliminée au profit d'autres monnaies créées plus sagement.

Obtenir un bien en échange de monnaie n'est que la deuxième partie d'un échange réel, la première consistant à échanger quelque chose qu'on possède contre de la monnaie. Si on n'a pas de monnaie, c'est parce qu'on n'a pas pu ou pas voulu en obtenir en donnant ou en faisant quelque chose pour les autres.

Chapitre 3
La production et l'entreprise

Jusqu'ici, nous n'avons parlé que d'échange. Mais d'où vient ce que nous échangeons et consommons ? De notre propre activité. A part les mûres sur les ronces et les petits lapins dans la forêt, il n'y pas grand'chose dans ce que nous consommons qui nous soit donné tel quel par la nature. Même les lapins, il faut les attraper !

Voici probablement la plus fondamentale de toutes les vérités économiques, et en même temps la plus souvent oubliée : **tout ce qui est consommé doit d'abord avoir été produit.** Tout ce qui est échangé entre les êtres humains résulte plus ou moins de l'action d'êtres humains. Derrière tous les biens économiques, il y a l'action humaine.

Voyons donc comment nous décidons de produire telle ou telle chose pour la proposer à nos semblables. Et pour cela, revenons aux simples faits de la réalité.

La division du travail

Pourquoi Pierre produit-il des saucisses et moi des choux ? Je suis capable de fabriquer des saucisses, et Pierre saurait aussi cultiver les choux, et nous pourrions vivre chacun de notre côté en partageant notre temps entre la fabrication des saucisses et la culture des choux, et en mangeant chacun ce que nous avons produit.

Mais il se trouve que j'habite une ferme, et que tout petit j'adorais planter des graines et faire pousser des plantes, alors que les parents de Pierre habitent au milieu du village et sont excellents cuisiniers. Les hasards de la vie ont fait que, pour chaque demi-journée de travail, je suis devenu capable de produire en moyenne 20 choux mais à peine deux saucisses, tandis que dans le même temps Pierre ne saurait produire que 10 choux, mais peut en revanche produire 8 saucisses.

Si nous travaillons séparément en passant chacun une demi-journée à produire des choux et une demi-journée à produire des saucisses, je produirai 20 choux et 2 saucisses, tandis que Pierre produira 10 choux et 8 saucisses. A nous deux nous aurons produit 10 saucisses et 30 choux. En revanche, si je ne fais que des choux, j'en produirai 40 par jour, pendant que Pierre ne fera que des saucisses et en produira 16 par jour. A nous deux, nous aurons produit 16 saucisses et 40 choux, soit plus de chaque que si nous ne nous étions pas spécialisés. Nous aurons plus à manger, ou à offrir à Jeanne ou même à Fred en échange d'autres choses. Nous serons plus riches.

Chose merveilleuse, cela reste vrai même si l'un des deux est meilleur que l'autre dans tous les domaines. La démonstration sortirait du cadre de cette introduction, mais on peut s'en faire une idée intuitive : même si un chirurgien manie mieux l'ordinateur que sa secrétaire, il est plus efficace, et dans l'intérêt de tous, qu'il se consacre exclusivement à opérer ses patients et laisse sa secrétaire prendre ses rendez-vous et s'occuper de son courrier.

Parce que nous ne sommes pas identiques en tout, nous avons intérêt à nous spécialiser et à coopérer. Comme nous l'avons vu dès l'introduction, la division du travail par spécialisation est une caractéristique des sociétés humaines, et surtout des économies développées. Elle permet à chacun de faire pour les autres ce qu'il fait le mieux ou ce qu'il préfère, en comptant sur les autres pour satisfaire ses autres besoins, et au total de rendre la société plus efficace.

Mais pour que ce soit possible, il faut plusieurs conditions : d'abord que nous nous connaissions assez bien pour comprendre l'intérêt que nous avons à nous spécialiser et à coopérer ; ensuite que nous ayons un moyen de nous rencontrer régulièrement pour échanger une partie de nos productions, autrement dit qu'il existe un marché. **La division du travail et l'échange à travers le marché sont les fondements de la prospérité et du progrès.**

Revenons maintenant à notre amie Jeanne, qui nous avait mitonné de délicieuses saucisses aux choux moyennant une rétribution en nature. Sa réputation s'est répandue, si bien que Pierre et moi ne sommes plus les seuls à la solliciter. Mais elle ne peut pas accepter de faire la cuisine plus d'une ou deux fois par jour, car elle n'aurait plus le temps de vaquer à ses autres besoins, et elle serait bien incapable d'absorber toute la nourriture qu'on lui propose en échange.

Heureusement, Jeanne vit dans une société qui a inventé l'échange indirect. Elle décide donc de se faire rétribuer en monnaie, car avoir de la monnaie lui permet de se procurer tout ce dont elle peut avoir besoin pour vivre, et plus encore. Elle peut alors se consacrer entièrement à faire la cuisine, et mettre cette compétence particulière à la disposition des autres, tout en acceptant de devenir dépendante d'eux pour ses autres besoins. La monnaie qu'elle reçoit est à la fois le signe de la valeur que les autres accordent à ses services et le moyen pour elle d'obtenir à son tour ce qu'elle désire.

Une division du travail poussée, et donc une productivité collective élevée, ne sont concevables que dans une économie monétaire, qui seule permet d'échanger facilement des biens et des services infiniment divers. L'invention et l'usage de la monnaie sont nécessaires au développement économique. Dans tout ce qui suit, nous nous placerons dans ce cadre.

Naissance d'une entreprise

A force d'être sollicitée, Jeanne se demande si elle ne devrait pas ouvrir un restaurant. Elle est convaincue que les clients ne manqueraient pas, mais il lui faudrait un local, des tables et des chaises, des assiettes, des verres et des couverts, et tout un matériel de cuisine. Il faudrait aussi définir une carte assez variée pour satisfaire les goûts des clients, tout en fixant des prix raisonnables pour chaque plat.

Chaque matin, il faudrait acheter des provisions, les préparer, puis servir les clients. Il faudrait à la fois avoir assez de clients et ne pas en refuser trop souvent ; il faudrait ne pas manquer de provisions mais ne pas devoir en jeter ; il faudrait surtout encaisser chaque jour assez d'argent pour pouvoir recommencer le lendemain. Tout ça est bien compliqué et bien risqué, d'autant que Jeanne sera vraisemblablement occupée à plein temps, et que les revenus que lui laissera son restaurant devront être suffisants pour satisfaire ses autres besoins.

Avant de se décider, Jeanne se livre donc à quelques calculs. Elle doit engager des dépenses pour s'équiper, payer le loyer du restaurant, et cette activité doit lui rapporter assez d'argent pour vivre. Elle estime que, bon an mal an, il devra lui rester au moins 100 euros à la fin de la journée, sinon ça ne vaut pas la peine[7]. Or elle pense qu'il lui faudra acheter environ 5 euros de nourriture pour chaque convive. Si elle fait payer le repas 10 euros, ce qui lui semble raisonnable, il faut au moins 20 clients par jour pour qu'il lui reste les 100 euros qu'elle s'est donné pour objectif. Et à ce prix de 10 euros, avoir en moyenne 20 clients chaque jour lui paraît tout à fait possible.

Elle pourrait arriver au même résultat de plusieurs autres façons, par exemple avec 34 clients à 8 euros, ou avec 15 clients à 12 euros. Mais 10 euros lui paraît un prix plus sympathique, et avoir au moins 20 clients par repas à ce prix lui semble plus probable. L'important est qu'elle soit

---

7

       Tous les chiffres qui suivent sont arbitraires et ne sont donné qu'à titre d'illustration. De plus, pour en rester aux concepts élémentaires, il n'est tenu compte ni des charges, ni des taxes et impôts divers.

convaincue qu'elle peut gagner sa vie en tenant un restaurant à ces conditions, sinon elle ne se lancerait pas dans l'aventure.

Après une dernière réflexion, Jeanne décide de s'équiper pour recevoir 20 clients à chaque repas, donc de se procurer 5 tables, 20 chaises, 20 couverts et la batterie de cuisine adéquate. Elle aura ainsi la capacité nécessaire pour servir un maximum de 40 clients par jour. Elle décide aussi d'acheter chaque jour de quoi cuisiner pour 30 personnes, soit environ 150 euros de nourriture. Si tout se passe bien, il lui restera 150 euros à la fin de la journée, et 25 clients lui suffiront pour atteindre le bénéfice minimum de 100 euros qu'elle vise.

A partir de son idée initiale, Jeanne a donc commencé par construire un plan chiffré qui lui semble à la fois crédible et satisfaisant. Elle s'est livrée à un **calcul économique**. Puis elle a acquis les moyens nécessaires à l'exécution de ce plan, et enfin elle a commencé à produire, à rechercher des clients et à les servir. Jeanne est devenue un **entrepreneur**.

Chaque soir, quand les derniers clients sont partis, Jeanne fait ses comptes. Combien de clients a-t-elle servi ? Les 25 sur lesquels elle compte pour vivre ou les 30 qu'elle espérait, ou même plus ? En a-t-elle refusé ? Certains ont-ils été mécontents ? Que lui reste-t-il comme provisions ? Elle pourra alors décider si elle recommence le lendemain et si elle doit modifier son plan en achetant plus ou moins de choux, de saucisses et de perdrix. Peut-être devra-t-elle envisager d'agrandir son restaurant ou au contraire de fonctionner à une échelle plus modeste.

Processus, cycle et capital

Arrêtons-nous à cette vue élémentaire pour constater que ce modèle de fonctionnement de la production est valable pour toutes les entreprises, du plombier à Renault, comme pour le restaurant de Jeanne. Les biens et les services sont produits par des organisations qui rassemblent des gens et des choses utiles à la production de ces biens et services particuliers. **Une entreprise est un assemblage particulier de ressources particulières organisées en vue d'une production particulière. Un entrepreneur est la personne qui crée et fait fonctionner un tel assemblage.**

L'ensemble de ces choses, et les capacités particulières de ces gens, forment ce qu'on appelle le **capital** de l'entreprise. On appelle **investir** l'acte de constituer le capital.

Dans son sens premier, le mot « capital » désigne des biens précis utilisés pour la production. On utilise aussi ce même mot dans d'autres sens : pour désigner la quantité de monnaie qu'il a fallu dépenser pour se procurer ces choses, et aussi quelquefois pour désigner la quantité de monnaie qu'on espère obtenir grâce à l'utilisation de ces outils. Ce sont bien sûr des notions radicalement différentes. Sauf précision contraire, nous utiliserons le mot « capital » dans son sens premier : tout ce qui est utilisé pour la production.

Les différents éléments qui composent le capital d'une entreprise doivent être choisis et agencés de façon à permettre d'exécuter un **processus de production** caractéristique de l'entreprise : cuisiner et servir des repas pour Jeanne, transporter des voyageurs et des marchandises pour la SNCF, construire des voitures pour Renault. A partir du moment où les investissements ont été effectués, le capital qui en résulte n'est utilisable que pour cette production particulière. On dit qu'il est « immobilisé » pour un certain temps, variable selon la chose dont il s'agit. On pourrait d'ailleurs aussi bien dire au contraire qu'il est « mobilisé » pour servir à une production particulière.

Chaque processus de production est spécifique. Comme pour une recette de cuisine, la production d'un bien particulier demande des ingrédients bien précis en quantité précise : des outils, des matériaux, des compétences et du travail humain. Si un des ingrédients manque, ce manque limite la production totale et une partie des autres ingrédients reste inutilisée. Sans les outils, le travail est improductif ; sans le travail, les outils restent inertes. S'il n'y a pas assez de personnel, les machines (le capital) sont sous-utilisées. S'il n'y a pas assez de machines (de capital), le personnel est sous-utilisé et peut se retrouver au chômage.

Ce processus a une certaine durée qui définit un **cycle de production** – la journée dans le cas de Jeanne. Lors du déroulement de ce cycle, les biens et services qui constituent l'**offre** de l'entreprise se forment progressivement, généralement en faisant disparaître d'autres biens qui sont les **consommations** de l'entreprise.

Comme le capital, ces consommations doivent être entre les mains de l'entreprise dès le début du cycle, donc avant que les produits puissent être proposés sur le marché. Le capital et les consommations représentent un **investissement**, qui demande généralement de dépenser de la monnaie avant d'en recevoir (éventuellement) en échange des biens ou services produits.

Puisque la quantité de monnaie que l'entreprise obtiendra réellement en échange de ses produits dépend des décisions des consommateurs et ne peut être connue d'avance avec certitude, **toute production présente un risque** : le producteur peut très bien recevoir à la fin du cycle moins d'argent qu'il en a dépensé au cours du cycle. Et comme un risque calculé est toujours préférable, il va donc comme Jeanne se livrer préalablement à une réflexion qu'on appelle **calcul économique**, qui fournit un plan d'action ou **plan de production**. C'est ce plan qui gouvernera les décisions de l'entreprise. En fonction des évènements qui se produiront réellement, l'entreprise ajustera ce plan.

Le profit

Le producteur peut perdre tout ou partie de sa mise si les clients refusent de lui acheter ses produits à un prix suffisant pour couvrir toutes ses dépenses. Mais il peut aussi avoir de la chance, ou du talent, et obtenir des revenus très supérieurs à ses dépenses, et même à ce qu'il espérait. La différence entre les revenus et les dépenses de l'entreprise s'appelle le **bénéfice** ou le **profit**.

Arrêtons-nous sur cette notion de profit, qui est l'une des plus mal comprises de toute l'économie. Nous avons vu que, pour produire ce qu'elle proposera sur le marché, l'entreprise a dû préalablement acheter tout ce qui est nécessaire à sa production. Dans un marché libre, elle a pour cela effectué des transactions avec des agents qui lui ont cédé ces biens et ces services contre de la monnaie. Par définition, ces transactions n'ont pu se réaliser que si les vendeurs aimaient mieux recevoir cette somme de monnaie que conserver ces biens ou services, autrement dit préféraient cette somme de monnaie aux biens ou services eux-mêmes[8]. En termes économiques, cela signifie qu'ils accordaient moins de valeur aux biens qu'ils ont cédés qu'à la monnaie qu'ils ont reçue en échange.

A l'inverse, à la fin du cycle, des gens ont acheté les produits de l'entreprise à certains prix (qui peuvent ou non être ceux que l'entreprise demandait). S'ils ont pris cette décision, c'est qu'ils préféraient déguster les délicieux plats de Jeanne que conserver l'argent qu'ils devaient débourser pour les acheter. Autrement dit, pour eux, la valeur de ces produits était supérieure à celle qu'ils accordaient à la monnaie qu'ils ont donnée en échange, c'est à dire à ce qu'ils auraient pu acheter d'autre avec cette monnaie.

Au total, l'entreprise a consommé des biens et des services dont la valeur était jugée inférieure à celle de ses dépenses par ceux qui les lui ont cédés, et elle a fourni des biens dont la valeur est jugée supérieure à celle de son revenu par ceux qui les ont acquis. L'extérieur de l'entreprise, c'est à dire la

---

8   Voir chapitre 1

société, a donc bénéficié de la différence entre la valeur qu'elle accorde à ce que l'entreprise a produit et la valeur de ce qu'elle a consommé. Cette différence est une estimation de la valeur que la société, c'est à dire l'ensemble des individus extérieurs à l'entreprise, a accordé à l'activité de celle-ci.

Or nous avons vu que la valeur de ce que l'entreprise a produit est supérieure à son revenu, et que la valeur de ce qu'elle a consommé est inférieure à ses dépenses. Par une arithmétique élémentaire, il en résulte que la valeur « sociale » de l'activité de l'entreprise est supérieure à la différence entre ses recettes et ses dépenses, c'est à dire à son profit.

Il est bon d'insister sur ce point méconnu bien qu'évident. Jeanne a acheté disons pour 1000 euros de fournitures à des gens qui n'accordaient à ces mêmes fournitures qu'une valeur de 900 euros, sinon ils ne les lui auraient pas vendues. Elle a vendu 1100 euros de repas à des gens pour qui ces repas valaient bien 1200 euros, sinon ils ne les lui auraient pas achetés. Et notez bien que ces jugements de valeur ne sont pas ceux de Jeanne, mais ceux du reste de la société.

Jeanne a bien réalisé un profit de 100 euros, mais elle a aussi, par son activité, transformé des choses qui valaient 900 euros en choses qui valent 1200 euros ! La société dans son ensemble a donc réalisé un profit de 300 euros, dont Jeanne a empoché 100. **Le profit d'une entreprise est la part que l'entreprise conserve pour elle-même du bénéfice qu'elle a apporté à la société**.

En réalité, si on voit bien ces 100 euros que Jeanne a gagnés, on ne peut pas mesurer à coup sûr les 300 que la société a gagnés au total, car comme nous l'avons vu au chapitre 1, la satisfaction (ou valeur) n'est pas une grandeur mesurable. Ce dont on peut être sûr, c'est qu'en plus de son profit, Jeanne a créé une satisfaction à la fois pour ses fournisseurs et pour ses clients, sinon ils se seraient abstenus d'être les uns fournisseurs et les autres clients.

Bien sûr, les fournisseurs auraient préféré vendre leurs produits plus cher et les acheteurs auraient préféré payer moins cher ; le profit de l'entreprise aurait alors été moindre, et les acheteurs et les vendeurs auraient été plus satisfaits. Mais nous nous intéressons à ce qui s'est réellement passé, et non à ce qui n'existe que dans l'imagination des uns et des autres. Les vendeurs et les acheteurs, tout comme Jeanne, ont gagné quelque chose à l'échange, sinon ils ne l'auraient pas accepté.

Si la valeur des activités d'une entreprise, autrement dit son utilité, était mesurable, elle serait au moins égale au profit qu'elle réalise. Si ce bénéfice social n'existe pas, l'entreprise ne peut pas être profitable. Si l'entreprise fait du profit, on peut être sûr qu'elle est utile à la société (toujours à condition que les échanges soient libres). Tel ou tel observateur ou moraliste peut avoir une opinion différente sur l'utilité de l'entreprise, mais ce n'est jamais qu'une opinion parmi d'autres, qui vaut certainement moins que celle que les fournisseurs et les clients effectifs ont exprimée par leurs actes, et qui est d'autant plus fiable qu'elle leur a coûté quelque chose.

Le profit d'une entreprise est-il justifié ? Autrement dit, est-il « juste » que l'entreprise empoche cette part du bénéfice qu'elle a apporté à la société ? Au début du cycle, elle s'est rendue propriétaire des facteurs de production, dans des conditions qui satisfont leurs anciens propriétaires puisqu'ils ont accepté l'échange. A partir du moment où Jeanne a payé les tables, les couverts et les casseroles, les perdrix et les choux, ils sont à elle.

Par la suite, elle transforme ces choses en d'autres choses qui continuent évidemment de lui appartenir, si bien que quand les produits finis apparaissent, ils sont encore la propriété de l'entreprise, comme tout ce qui a servi à les produire. Les perdrix aux choux que Jeanne a préparées lui appartiennent toujours. Elle va donc pouvoir les échanger librement contre de la monnaie, à des conditions que les acheteurs acceptent. Il n'y a dans la réalité aucun instant où les produits de l'entreprise n'appartiendraient à personne et seraient en attente de « distribution », comme fait souvent semblant de le croire la théorie économique.

Au total, le profit de l'entreprise, qui est une partie de la différence entre la valeur de ce qui en sort, telle que jugée par la société à travers les processus du marché, et la valeur de ce qui y entre, jugée par ces mêmes mécanismes, est à la fois l'indicateur et la récompense de l'utilité de l'entreprise, donc une partie de la valeur des services rendus par cet arrangement particulier de moyens. Il est assez normal que son expression concrète sous forme de monnaie récompense l'entrepreneur qui en a eu l'idée et qui le fait fonctionner, et éventuellement ceux qui ont partagé le risque avec lui.

Croissance de l'entreprise

Voilà déjà deux mois que Jeanne tient son petit « Restaurant du Marché ». Elle y sert régulièrement entre 25 et 35 clients par jour et se réjouit d'avoir pris cette décision. Elle a un peu enrichi sa carte, et depuis quelques jours il lui arrive même de refuser des clients, ce qui pourrait donner à quelqu'un l'idée d'ouvrir un établissement concurrent.

Mais voilà que depuis quelques jours, le restaurant ne désemplit plus ; Jeanne voit de plus en plus de belles voitures s'arrêter sur la place du village, et elle doit refuser de plus en plus de clients. Un appel de son cousin de Paris lui explique pourquoi : un journaliste réputé a déjeuné par hasard au Restaurant du Marché il y a trois semaines, et en a écrit une critique brève mais élogieuse dans une revue à la mode.

Si elle veut satisfaire cette nouvelle clientèle, Jeanne va devoir au moins doubler la capacité de son établissement, ce qui lui permettra probablement de gagner plus d'argent. Mais pour cela, elle doit d'abord trouver un nouveau local, l'aménager, acheter du nouveau matériel. Tout cela demande plus d'argent que Jeanne a pu en économiser. Et puis elle arrive déjà à peine à servir les clients en même temps qu'elle prépare la cuisine, si bien qu'il va lui falloir au moins un serveur à plein temps et de l'aide en cuisine.

Pour l'argent, pas de problème : un ami, Michel, est prêt à lui prêter ce qui lui manque. Elle devra simplement s'engager à le rembourser au bout d'un certain temps, et lui verser d'ici là chaque année 6% de la somme prêtée, ce que Jeanne trouve raisonnable. Michel pourrait aussi s'associer avec elle et partager les bénéfices, mais il faudrait alors convenir d'une répartition qui corresponde à leurs apports respectifs dans le succès de l'entreprise. Faute de pouvoir évaluer ces apports, il se contente de lui prêter la somme dont elle a besoin pour agrandir son établissement. Pourquoi Michel lui rend-il ce service ? Nous en reparlerons dans le prochain chapitre sur la finance.

Il semble assez facile de trouver une aide-cuisinière. Pas besoin pour cela de qualification spéciale : n'importe quelle ménagère fera l'affaire, et elle sera en cuisine avec Jeanne qui lui donnera tous les ordres et vérifiera ce qu'elle fait. Sur le marché, les gens qui emploient des aides les paient 50 euros par jour ; en offrant à peu près la même somme, Jeanne pense trouver quelqu'un à coup sûr parmi les nombreuses candidates qui se présenteront.

Le cas du serveur est plus délicat : c'est un métier qui demande de bonnes qualités de contact et un certain savoir-faire, et la réputation de la maison dépendra en grande partie de son comportement avec les clients. De plus, Jeanne ne peut pas être en même temps en cuisine et en salle. Le serveur doit donc être suffisamment motivé pour faire un travail de qualité de façon autonome.

Si elle n'a que l'embarras du choix pour son aide-en cuisine, Jeanne voit peu de candidats pour le poste de serveur, et encore moins en qui elle ait confiance. De plus, elle ne sait pas trop combien il convient de le payer, faute de précédent. L'idéal serait de trouver quelqu'un avec qui elle partagerait les bénéfices : s'il fait bien son travail, il sera bien payé, sinon il ne gagnera rien, exactement comme elle.

Jeanne pourrait par exemple tenir le raisonnement suivant : j'ai déjà amené toute seule le restaurant au niveau où il est, et si je restais seule je continuerais à empocher tout le bénéfice. En m'étendant, j'espère doubler ce bénéfice, et je pense que le maître d'hôtel que je cherche contribuera à cet accroissement pour presque la moitié. Donc lui donner de l'ordre de 20% à 25% des bénéfices serait assez juste, mais cela reste à négocier avec lui.

Les quelques candidats et candidates qu'elle rencontre ne l'entendent pas de cette oreille. Ils insistent pour avoir un revenu régulier d'au moins 40 euros par jour quelle que soit la fréquentation du restaurant. De plus, celui qui lui fait la meilleure impression et qui a déjà une certaine expérience du métier, Philippe, fait remarquer qu'il peut influencer les recettes en fidélisant les clients et en contribuant à la renommée de l'endroit, mais qu'il n'a aucune influence sur les dépenses ni sur la qualité de la cuisine. Il veut donc bien que sa rémunération dépende du chiffre d'affaires, mais pas du bénéfice.

Jeanne est perplexe. Combien pourrait-elle le payer au maximum ? Sans lui, elle ne pourra servir que 30 repas par jour, comme aujourd'hui. Avec lui, elle pourra en servir 60. A 10 euros le repas, la différence est de 300 euros. Bien sûr, si elle ne peut servir que 30 repas, elle achètera moins au marché, donc économisera 5 euros par repas. Mais l'absence de serveur représenterait quand même un manque à gagner de 150 euros.

La situation se clarifie donc un peu : tant que son maître d'hôtel lui coûte moins de 150 euros par jour, elle a intérêt à l'embaucher, car il lui restera un peu du bénéfice supplémentaire qu'il apporte. En réalité, Jeanne sait que rien de tout ça n'est certain et qu'elle doit prendre une marge de sécurité. De plus, elle voudrait conserver une partie aussi élevée que possible de ce bénéfice supplémentaire. Au bout du compte, elle se fait une idée approximative de son « prix de réserve », environ 100 euros.

Jeanne a estimé ce que les économistes appellent la « **productivité marginale** » du serveur, autrement dit ce que l'entreprise perd s'il disparaît, tout le reste étant inchangé (ou, ce qui revient à peu près au même, si on ajoute ce serveur à partir d'une situation où il n'existe pas). Cette productivité marginale est la limite supérieure de la rémunération que l'entrepreneur peut accorder à ce facteur de production. Elle dépend évidemment de la situation dans laquelle se trouve l'entreprise.

Dans le cas que nous venons d'examiner, Jeanne a déjà beaucoup investi pour agrandir son restaurant. Elle dispose déjà de tout ce qui est nécessaire. La productivité marginale du seul facteur qui lui manque, le serveur, est donc élevée et elle a intérêt à le trouver, même s'il coûte relativement cher. Autrement dit, plus Jeanne possède de capital, plus elle peut payer de bons salaires.

Dans la négociation qui s'engage alors, Philippe est en position de force, car il sait que Jeanne a besoin de lui et il devine qu'il y a peu de candidats. Il pourra donc tirer parti des dispositions favorables de Jeanne, alors que les candidates au poste d'aide-cuisinière ne le pouvaient pas : comme elles se bousculaient, ne serait-ce que parce que les compétences requises sont très répandues. Jeanne a pu choisir celle qui demandait le moins.

Après discussion, Jeanne et Philippe finissent par se mettre d'accord sur une rémunération formée d'un salaire de base de 40 euros par jour plus 5% des recettes, ce qui peut aller jusqu'à 35 euros. Comme Philippe pense qu'il aura aussi quelques pourboires, ça lui paraît une bonne affaire. Il en va de même pour Jeanne : si ses espoirs ne se réalisent pas, Philippe ne lui coûtera qu'un peu plus de 50 euros par jour ; si la salle est pleine, Philippe touchera 75 euros sans compter ses pourboires, et Jeanne conservera une partie raisonnable du chiffre d'affaires supplémentaire.

Le prix des facteurs de production

La rémunération de Philippe est le résultat d'une négociation entre un demandeur, Jeanne, et un fournisseur potentiel. Il en va de même pour tout ce dont Jeanne a besoin pour faire marcher son restaurant, qu'on appelle des **facteurs de production**.

Comme nous l'avons vu au chapitre 1, chacun aborde la négociation avec en tête un prix de réserve : un prix maximum pour l'acheteur, Jeanne ; un prix minimum pour l'offreur, Philippe. L'accord peut se faire si le maximum que peut offrir l'acheteur est supérieur au minimum que peut accepter l'offreur, et le prix réel se fixera entre les deux selon la situation et les talents de négociateur de chacun.

Comme nous venons de le voir, le prix maximum pour Jeanne est lié à la productivité marginale de ce facteur. S'il s'agit d'un serveur, c'est la différence entre le revenu qu'elle pense réaliser avec son aide et le revenu qu'elle pense réaliser sans lui, toutes choses égales par ailleurs (les économistes disent *ceteris paribus*, qui veut dire « tout le reste étant égal » en latin). S'il s'agissait d'une nouvelle batterie de casseroles, ce serait la différence entre le revenu qu'elle espère si elle dispose de ces casseroles et celui qu'elle réaliserait si elle ne les achète pas. La productivité marginale de chaque facteur dépend de l'état actuel de tous les autres facteurs de production, mais n'est jamais qu'une estimation prévisionnelle et subjective. Quant au prix minimum du fournisseur, c'est celui qu'il pense pouvoir obtenir de quelqu'un d'autre ; ce n'est aussi, bien sûr, qu'une estimation.

La suite fonctionne comme tous les autres échanges. S'il y a beaucoup d'offreurs, ils rivaliseront pour être choisis, et limiteront probablement leurs prétentions. De plus, Jeanne pourra choisir le moins gourmand. Le prix négocié aura toutes chances d'être bas, et proche du prix de réserve de l'offreur le moins exigeant. A l'opposé, s'il y a peu d'offreurs pour beaucoup de demandeurs, le prix de réserve des offreurs risque d'être plus élevé, et ce sont eux qui pourront choisir les demandeurs. Dans ce cas, le prix négocié sera élevé, proche du prix de réserve du demandeur le plus généreux, c'est à dire de la productivité marginale du facteur concerné pour ce demandeur.

On peut ainsi remonter toute la chaîne. Ce qui est un facteur de production pour une entreprise, par exemple les casseroles pour Jeanne, est un produit fini pour une autre entreprise, le fabricant de casseroles, qui à son tour crée une demande de tôle et contribue à déterminer le prix de la tôle.

Les entreprises créent ainsi une demande pour les facteurs de production, à partir de la demande qu'elles perçoivent pour les produits finis, Le prix que chaque entreprise paie pour chaque facteur est d'autant plus élevé que la productivité marginale de ce facteur pour cette entreprise est élevée, autrement dit que ce facteur est plus essentiel à son activité, et qu'il est plus rare, c'est-à-dire qu'il est offert en moins grandes quantités. De même que, pour les biens de consommation, la formation des prix repose sur les jugements subjectifs des consommateurs, pour les facteurs de production, la formation des prix repose sur les jugements et les plans des entrepreneurs.

Notons au passage que la productivité marginale d'un facteur de production varie selon l'entrepreneur et l'usage qu'il compte en faire. Le mécanisme que nous venons de décrire a entre autres effets celui de confier chaque facteur de production à celui des entrepreneurs qui lui accorde la valeur la plus élevée, c'est à dire celui qui en attend la productivité marginale la plus élevée. Au total, chaque facteur de production tend ainsi à être employé de la façon la plus utile à la société dans son ensemble.

Investisseurs, actionnaires et salariés

Maintenant, Jeanne n'est plus seule à faire fonctionner le restaurant et à être intéressée à ses résultats. D'autres personnes contribuent à son entreprise et doivent en recevoir une rémunération appropriée. Les contributions qu'ils apportent sont principalement de deux formes : de l'argent (ou éventuellement des apports en nature sous forme de biens) et du travail mettant en œuvre leurs compétences et leurs qualités personnelles.

Comme nous l'avons vu, les personnes qui apportent ces contributions peuvent décider de participer au risque de l'entreprise en acceptant que leur rémunération prenne la forme d'une certaine part des bénéfices. Ils deviennent alors associés et on considère qu'ils sont propriétaires d'une part du capital, quelle que soit la nature effective de leur apport – monnaie, travail ou autres. Leur titre de propriété s'appelle une **action**, d'où le nom d'**actionnaire** qu'on donne aussi aux associés.

D'autres personnes peuvent préférer une rémunération indépendante des résultats effectifs, et donc ne pas vouloir participer aux risques. Si leur contribution consiste en un apport au capital, en monnaie ou en nature, la rémunération de cet apport prendra la forme d'un **intérêt** proportionnel à la somme prêtée à l'entreprise. Si leur contribution est un travail, leur rémunération prendra la forme d'un **salaire** fixé par un **contrat de travail**. Une partie de ce salaire, qu'on appelle souvent **intéressement**, peut dépendre de certains résultats de l'entreprise comme c'est le cas pour Philippe.

Jeanne a ainsi permis à deux personnes de prendre place dans le processus de production, et d'y trouver une utilité pour la société, c'est-à-dire pour leurs semblables, qu'elles n'auraient peut-être pas trouvée sans elle. Elle a, comme on dit, « créé des emplois ». Elle a aussi donné une utilité aux économies de Michel, en les transformant en outil de production, ce qui lui permet de rémunérer Michel pour ce prêt.

Elle a maintenant un nouveau rôle : redistribuer aux personnes qui l'ont aidée une part de la monnaie qu'elle a reçue en échange de ce qu'elle a servi à ses clients. Pour cela, elle commence par respecter les contrats qu'elle a conclus : elle paye ses fournisseurs, verse les salaires et éventuellement les intéressements à ses employés, et les intérêts à ses créanciers.

Plus précisément, Jeanne doit payer ses fournisseurs et ses employés non seulement quel que soit le revenu qui résulte de leur travail, mais aussi avant de percevoir ce revenu. Ceci n'est possible que grâce au prêt que Michel lui a consenti. Pour elle, dont le restaurant fonctionne selon un cycle d'une journée, ça ne fait pas beaucoup de différence, mais dans des activités où le cycle de production est long, une des fonctions des apporteurs de capitaux (les fameux « capitalistes ») est de permettre à l'entrepreneur de rémunérer les salariés dès le début de leur activité, avant que l'entreprise réalise le revenu qui en résulte. Sans les « capitalistes », les salariés devraient travailler pendant des jours voire des mois sans être payés, en attendant que l'entreprise encaisse ses premiers revenus

En respectant ses engagements envers ses fournisseurs et ses employés, Jeanne est en droit de considérer que la rémunération prévue au contrat, et librement acceptée par l'autre partie, est la juste récompense de la contribution de cette autre partie. Quand elle a fini, elle peut donc disposer à sa guise de l'argent qui lui reste, qui constitue le profit de son entreprise.

Que fait-elle de cet argent ? Elle commence par en verser une partie à l'État sous forme d'impôts. Ensuite, si ses associés les autres actionnaires sont d'accord, elle peut décider de consacrer tout ou partie de ce qui reste au développement de l'entreprise – acheter un nouveau fourneau ou de nouvelles assiettes; c'est ce qu'on appelle l'**autofinancement**. Enfin, s'il reste de l'argent, elle le répartit entre les actionnaires proportionnellement aux parts de chacun : c'est ce qu'on appelle des **dividendes**.

A chaque forme de contribution et de participation au risque correspond ainsi une forme de rémunération : salaires et intéressements pour le travail, intérêts pour les prêts, dividendes pour le risque. Remarquons que Jeanne joue les trois rôles : entrepreneur puisqu'elle a pris l'initiative de l'affaire et le risque initial et continue à prendre les décisions de gestion ; apporteur de capitaux, puisqu'elle a engagé ses économies dans l'entreprise ; évidemment aussi apporteur de travail puisque c'est elle qui fait la cuisine et dirige l'ensemble. Elle pourrait décider de se verser des intérêts pour l'argent qu'elle a apporté et un salaire pour son travail. Le profit résiduel à répartir entre les actionnaires serait réduit d'autant, mais la rémunération de Jeanne comprendrait alors trois parties correspondant à chacun de ses rôles.

En tout état de cause, Jeanne ne peut distribuer que l'argent qu'elle a reçu. S'il ne reste plus rien après avoir payé les fournisseurs, les salaires et les intérêts, les actionnaires n'ont rien à se partager et ils doivent se passer de dividendes, alors que si le restaurant connaît un succès phénoménal, les actionnaires peuvent faire fortune, y compris Jeanne.

S'il n'y avait tout à coup plus de clients, donc plus de revenus, quelle qu'en soit la raison, il n'y aurait plus du tout d'argent à distribuer à qui que ce soit. L'entreprise serait alors en faillite (on dit aussi **cessation de paiements**), et ne pourrait honorer ses contrats qu'en vendant tout ou partie de son capital – et encore le produit de cette vente ne serait peut-être pas suffisant. Sans clients et sans capital, elle ne pourrait plus poursuivre son activité : elle devrait licencier son personnel et fermer.

Cette perspective est bien sûr terrifiante pour Jeanne. Elle va donc se montrer vigilante, chercher à mieux connaître les goûts et les réactions de sa clientèle, se renseigner sur ce que font ses concurrents. Si nécessaire, elle mettra de nouveaux plats à sa carte, refera la décoration de sa salle à manger ou améliorera l'équipement de sa cuisine. Elle ouvrira peut-être même un service de plats à emporter. Chaque entreprise se donne ainsi pour objectif premier de survivre, au besoin en ajustant voire en redéfinissant ses produits, ses méthodes de travail et ses ressources.

Car tous les engagements de l'entreprise restent soumis à son succès auprès de ses clients. L'entreprise peut continuer à fonctionner et à rémunérer ses collaborateurs et ses partenaires tant qu'elle réalise un profit, c'est à dire tant qu'elle est utile. Si elle cesse de générer du profit, ce qui prouve qu'elle est jugée inutile par la société qui l'entoure, elle doit redresser la barre sous peine de disparaître.

Les grandes entreprises

Toutes les entreprises, y compris les plus grandes, fonctionnent suivant les mêmes principes. Chacune d'entre elles est un assemblage particulier de ressources, des choses et des personnes dotées de compétences particulières, organisées pour produire certaines choses spécifiques en utilisant des processus de production bien définis.

De l'artisan local à la multinationale géante, on trouve une immense variété de produits, de processus de production, et donc d'entreprises et de formes d'organisation. Mais toutes ont besoin d'investir pour créer leur capital, toutes doivent bâtir un plan de production, toutes doivent vendre leurs produits ou leurs services, toutes ont besoin de partenaires et d'employés à qui elles versent des rémunérations sous forme de salaires, d'intérêts ou de dividendes. Toutes doivent satisfaire leurs clients, et toutes doivent nécessairement réaliser un profit pour survivre, donc pour continuer à servir leurs clients et à rémunérer leurs employés et leurs associés.

Plus on va vers les grandes entreprises, plus les processus de production sont complexes, multiples, et mettent en œuvre un grand nombre de personnes et d'outils, dotés de fonctions et de compétences diverses et variées, et justifiant des formes de rémunération et des contrats différents.

Dans le restaurant de Jeanne comme chez le garagiste du coin, chacun voit en quoi il est utile à l'entreprise et, à travers elle, à la clientèle et à la société. Le chef d'entreprise peut facilement voir ce qui va et ce qui ne va pas, et au besoin intervenir pour corriger telle ou telle défaillance.

Dans une grande entreprise, de nombreuses personnes assurent chacune une partie des fonctions d'entrepreneur que Jeanne assure seule. En contrepartie, de nombreuses personnes sont tellement spécialisées et tellement loin de la clientèle et du produit final qu'elles ont du mal à percevoir l'utilité de ce qu'elles font. C'est cette situation que la littérature marxiste appelle « aliénation ».

Parce qu'elles ont des capitaux importants, de nombreux actionnaires, de nombreux fournisseurs, de nombreux clients et de nombreux collaborateurs qui comptent sur elles pour leur subsistance, les grandes entreprises ont une plus grande responsabilité sociale. En même temps, leurs cycles sont généralement plus longs, et donc les risques plus grands.

Pour résoudre ces problèmes, les entreprises doivent se doter de systèmes d'information qui permettent aux responsables de connaître les évènements et la situation, de systèmes de prévision pour se faire une idée de l'avenir, de systèmes de motivation et de commandement pour orienter l'activité de chacun. Le calcul économique y est plus difficile et peut mobiliser des services spécialisés, de même que le simple maintien en état des ressources de l'entreprise. Des services entiers, appelés services fonctionnels, s'occupent de maintenir en état l'entreprise elle-même sans contribuer directement à la production.

Le capital et le travail

L'entreprise est le lieu où les êtres humains utilisent des outils pour produire ce qui est utile à d'autres êtres humains. C'est dans l'entreprise que « le capital » et « le travail » se rencontrent ; certains diront qu'ils y coopèrent, d'autres qu'ils s'y affrontent.

De même que c'est une erreur de voir le capital comme quelque chose d'homogène, c'est une erreur de voir le travail comme quelque chose d'homogène. Le capital de chaque entreprise est formé de quantités précises de biens précis, qui sont nécessaires aux processus de production de cette entreprise. De même, le personnel de chaque entreprise est formé d'individus particuliers possédant des aptitudes et des compétences particulières. La composition exacte du capital et du personnel dépend de ce que l'entreprise est destinée à produire. Ces compétences, ces outils et ces biens sont complémentaires. Si l'un d'eux manque, les autres deviennent inutiles et la production ne peut pas avoir lieu.

Les différentes sortes de travail ou de compétences sont tout aussi complémentaires entre elles que le sont entre eux le « capital » et le « travail ». Le jour où le maître d'hôtel de Jeanne est malade, non seulement le capital est mal utilisé, mais Jeanne et son aide-cuisinière ne suffiront pas à la tâche et devront même peut-être fermer temporairement le restaurant. En tout état de cause, le revenu de tout le monde en sera directement ou indirectement affecté. Et si Philippe le maître d'hôtel démissionne pour aller travailler ailleurs, c'est tout le monde qui en souffrira en attendant que Jeanne l'ait remplacé par quelqu'un d'aussi compétent que lui.

Nous avons vu que si Jeanne peut offrir un bon salaire à Philippe, c'est parce que la « productivité marginale » de Philippe, autrement dit le supplément de bénéfice que l'entreprise peut réaliser en le recrutant, est élevée. Et si cette productivité marginale est élevée, c'est grâce aux outils dont dispose le restaurant de Jeanne, autrement dit grâce au capital que Jeanne a accumulé. Il faut insister sur ce point tout à fait fondamental bien que contraire à l'opinion populaire : plus il y a de capital, plus le travail est productif et mieux on peut le rémunérer.

Parler comme on le fait souvent de la « productivité du travail » pour la comparer à la « productivité du capital » n'a pas grand sens. La productivité d'un ouvrier dépend des outils qu'il utilise ; autrement dit, la productivité du travail dépend du capital. Réciproquement, un outil n'est productif que s'il est bien utilisé : la productivité du capital dépend du travail. Plus généralement, la productivité de chaque composante de l'entreprise, que ce soit une chose qui fait partie du capital ou une personne qui fournit son travail, dépend de toutes les autres composantes.

Ce qui est vrai de chaque entreprise est également vrai pour le système productif dans son ensemble. Si le niveau de vie en France est plus élevé qu'il y a deux siècles, c'est parce que, entre temps, nous avons accumulé des outils, c'est à dire du capital. Si les salaires sont plus élevés dans les pays riches, c'est parce qu'ils ont accumulé plus de capital. **Le capital et le travail ne sont pas des ennemis, mais des alliés dans le progrès de l'humanité.** Nous reviendrons sur ce point dans le chapitre 7.

A chaque instant, l'emploi effectif de chacun des facteurs, en particulier l'emploi tout court, s'ajuste sur la disponibilité du facteur le plus rare. Dans le court terme, les différents facteurs de production sont complémentaires beaucoup plus que concurrents ; ce n'est que dans le moyen et long terme que les combinaisons de facteurs peuvent être modifiées, ou que de nouvelles combinaisons peuvent naître, qui permettront de remplacer un facteur rare ou coûteux par un autre facteur plus abondant et moins cher, ou à la limite inutilisé.

Il ne suffit donc pas de parler de « capital » et de « travail » dans l'abstrait, et encore moins de les opposer l'un à l'autre. Dans la réalité, l'offre et la demande se confrontent pour des services précis et non pour le travail dans l'abstrait, pour des biens précis et non pour le capital dans l'abstrait. De même, dans la production, des humains dotés de compétences particulières doivent s'associer et se doter de biens capitaux spécifiques. Toute l'économie est dans l'ajustement fin des facteurs les uns aux autres. Les raisonnements macro-économiques sur des agrégats fictifs comme « le travail » ou « le capital » sont trompeurs. Nous verrons au chapitre 6 qu'il en va de même de notions courantes comme le Produit Intérieur Brut (PIB).

Résumé

A de rares exceptions près, les êtres humains ne peuvent consommer que ce qu'ils ont d'abord produit. La production est l'activité centrale de l'économie.

Dans une société où les échanges sont possibles, chaque individu et chaque groupe a intérêt à se spécialiser dans ce qu'il sait le mieux faire et à se procurer le reste par des échanges.

Toute production consiste en l'exécution d'un processus qui utilise des compétences humaines et des outils. On appelle entreprise un assemblage particulier de ressources particulières en vue d'une production particulière, et entrepreneur la personne qui crée et fait fonctionner un tel assemblage. On appelle capital l'ensemble de ces ressources. Investir consiste à produire ou acquérir le capital nécessaire à l'activité de l'entreprise.

Les investissements et les autres dépenses précèdent nécessairement la production, donc la formation du revenu. De ce fait, toute production présente un risque. L'entreprise ne peut survivre que si d'autres acceptent de lui donner, en échange de ses produits, une quantité de monnaie suffisante pour que l'entreprise puisse acquérir ce qui est nécessaire à la prochaine exécution de son cycle.

Au moment où les produits arrivent à l'existence, ils sont la propriété de l'entreprise. Il n'y a aucun instant où les produits n'appartiendraient à personne et seraient en attente de « répartition ». La distribution des produits entre les consommateurs se fait par échanges.

Le revenu d'une entreprise est un indicateur de l'utilité que le marché accorde à sa production. Le profit est un indicateur de l'utilité de l'entreprise en tant qu'arrangement particulier de facteurs pour une production particulière.

L'entreprise est le moyen pour les individus de s'insérer dans le processus de production et de trouver une utilité sociale. En plus de la production des biens et des services utiles à la collectivité, l'entreprise a pour fonction de répartir les revenus tirés de ces biens et services entre les personnes qui ont participé à la production.

La contribution à la production peut prendre deux formes principales : un apport en capital ou un apport en travail. Sa rémunération peut être soit fixée à l'avance par contrat indépendamment des résultats de l'entreprise, soit déterminée après coup par le partage des profits, et donc aléatoire.

Les différents facteurs de production sont complémentaires. La contribution de chacun à la production, qu'on appelle sa productivité, dépend de tous les autres facteurs. En particulier, la productivité de chaque forme de travail, et donc la rémunération à laquelle elle peut prétendre, est d'autant plus élevé que les outils dont elle dispose sont plus perfectionnés, c'est à dire que le capital est plus abondant.

Chapitre 4
La finance

Dans le chapitre précédent, nous avons vu que toute production demande des investissements préalables. Mais d'où viennent-ils ? Nous ne nous sommes pas demandé ce qui poussait Michel à prêter de l'argent à Jeanne, ni ce qui arrivait ensuite à cette créance. C'est ce que nous allons examiner dans ce chapitre consacré aux transactions financières, qui tiennent une place importante dans le discours des moralistes et des politiciens. Là encore, nous reviendrons pour cela aux faits élémentaires.

Épargne et investissement

Pour prêter de l'argent à Jeanne, Michel doit avoir une bonne raison de le faire, car il pourrait aussi bien consacrer cette somme à acheter quelque chose dont il a envie dans l'immédiat. Mais il a préféré conserver cet argent pour le dépenser plus tard. C'est ce qu'on appelle un acte d'**épargne**.

Michel pourrait tout simplement enfermer cet argent dans une boîte ou l'enterrer au fond de son jardin en attendant d'en avoir besoin. S'il le prête à Jeanne, c'est peut-être par simple amitié, mais tout le monde n'est pas aussi serviable que lui. Si les gens comme Jeanne, qui ont besoin d'argent pour leurs projets, ne pouvaient compter que sur la gentillesse de leurs amis, la plupart des projets ne se réaliseraient jamais.

Pour prêter leur argent à quelqu'un au lieu de le dépenser pour satisfaire leurs propres envies, il faut donc que les épargnants y voient un intérêt, qui est généralement de récupérer plus qu'il ont prêté. Pour avoir l'argent de Michel, Jeanne doit s'engager à lui rendre au bout d'un certain temps, mais aussi à lui rendre plus qu'elle a emprunté, par exemple en versant chaque année, tant qu'elle n'a pas remboursé ce prêt, une sorte de loyer qu'on appelle **intérêt**. Sinon, il est probable que Michel ne lui prêtera rien.Si Jeanne utilisait cet argent pour sa consommation immédiate, ou si elle l'enfouissait dans son jardin, elle ne pourrait tenir cet engagement qu'en prélevant sur sa propre consommation. Mais elle a un moyen de l'utiliser à la fois dans son propre intérêt et pour rembourser Michel. C'est de le « faire travailler », c'est à dire de l'utiliser pour acquérir des biens (un fourneau, des casseroles, des tables et des chaises) qui vont lui permettre de gagner de l'argent ; autrement dit, il faut qu'elle l'investisse dans une activité de production.

De même que Jeanne ne peut pas réaliser son objectif – développer son entreprise – sans l'épargne de Michel, Michel ne peut pas atteindre son objectif – faire fructifier son épargne – sans l'entreprise de Jeanne. Les actes d'épargner et d'investir dépendent l'un de l'autre. Au niveau des individus, les investisseurs doivent trouver des épargnants, mais les épargnants doivent aussi trouver des investisseurs ; au niveau collectif, il n'y a pas d'épargne sans investissements, et pas d'investissements, donc **pas de développement économique, sans épargne**.

Mais nous avons vu que toute entreprise de production comporte un risque. En prêtant ses économies à Jeanne, Michel espère participer aux bénéfices qu'elle tirera de l'entreprise à laquelle cet argent a servi, mais en même temps il court le risque de perdre si cette entreprise échoue. Il lui prête parce qu'il connaît bien Jeanne et son projet, parce que ce qu'elle lui promet est assez attractif et parce qu'il a confiance en elle.

Le taux d'intérêt du prêt que Michel consent à Jeanne est en somme le prix de ce crédit. Comme tous les prix, il résulte d'un accord entre les partenaires de cette transaction. Michel a une idée du taux en dessous duquel il préfère garder cet argent pour lui, ou le prêter à quelqu'un d'autre. Jeanne a son idée du taux maximum qu'elle peut consentir avant de se passer de cet argent ou d'aller chercher un autre prêteur. Si le taux maximum que Jeanne a en tête est plus élevé que le taux minimum que s'est fixé Michel, ils pourront s'entendre sur un taux intermédiaire selon leurs talents de négociateur respectifs. Mais avant de négocier, tous les deux se renseigneront probablement sur les taux que pratiquent les prêteurs professionnels que sont les banques et les sociétés de crédit.

Le circuit financier

Si un accord entre un épargnant et un investisseur ne pouvait se réaliser qu'entre amis, il ne serait pas facile de financer les investissements productifs, ni de rémunérer correctement l'épargne. Il doit exister des mécanismes qui mettent en relation les épargnants et les investisseurs en dehors d'un étroit cercle d'amis, et qui fasse correspondre au mieux les souhaits des uns et ceux des autres, comme le fait le marché des biens et des services. Ces mécanismes forment l'essentiel de ce qu'on appelle le **système financier**.

Mais les situations sont différentes. Les biens et les services sont des choses relativement concrètes dont les consommateurs sont assez facilement capables de ressentir le besoin et d'estimer la qualité. Au contraire, dans le cas de l'épargne et de l'investissement, les projets des producteurs visent le plus souvent à satisfaire des besoins qui ne sont pas encore exprimés, et qui ne sont pas nécessairement ceux des épargnants. Ceux-ci n'achètent que des promesses de revenus futurs par nature incertains. C'est bien « le commerce des promesses », pour reprendre le titre d'un excellent ouvrage récent[9].

9

De plus, les épargnants n'ont que rarement la possibilité de se faire par eux-mêmes une opinion raisonnable sur le bien-fondé et la viabilité des projets des investisseurs, ni sur la confiance qu'ils peuvent leur accorder. Le système financier doit donc fournir aux épargnants les moyens de juger les propositions qui leur sont faites. Il doit aussi leur permettre de suivre la réalisation des plans sur lesquels reposent les promesses auxquelles ils ont cru, et si possible de revenir en arrière s'ils changent d'avis.

La Bourse

Le plus connu des systèmes financiers est la Bourse. Supposons que Jeanne n'ait pas trouvé son ami Michel pour lui prêter les 10000 euros dont elle a besoin pour agrandir son restaurant. Un autre ami lui suggère alors de préparer 100 certificats donnant droit à une part des bénéfices du restaurant, et de les mettre en vente au prix de 100 euros chacun. S'il se trouve assez de personnes pour faire confiance à Jeanne et estimer que c'est une bonne affaire, elle collectera ainsi les 10000 euros dont elle a besoin.

Ceux qui achèteront ces certificats, qu'on appelle des **actions,** s'associeront à Jeanne, à ses espoirs et aux risques qu'elle prend. En contrepartie, Jeanne leur donne le droit de participer aux décisions concernant l'entreprise à travers l'assemblée générale des actionnaires, où chacun dispose d'autant de voix qu'il possède d'actions. Pour conserver la direction de son affaire, Jeanne s'attribue 110 actions représentant son propre apport, ce qui lui permet de rester maîtresse de l'opération en conservant la majorité des droits de vote. Son restaurant est devenu une **société par actions.**

Pierre-Noël Giraud, Le commerce des promesses (Le Seuil, 2001)

Chaque année, Jeanne devra rendre compte à l'ensemble des actionnaires réunis en Assemblée générale. Si elle a réalisé des bénéfices, elle leur distribuera en proportion de leurs participations, mais elle pourra leur proposer d'en laisser une partie à sa disposition pour financer des développements nouveaux de l'entreprise, au lieu d'emprunter ou de rechercher pour cela de nouveaux associés. Comme nous l'avons dit au chapitre précédent, la part des bénéfices qui est réinvestie dans l'entreprise s'appelle **autofinancement** et la part distribuée aux actionnaires s'appelle les **dividendes**.

Si par malheur Jeanne perdait ses clients et devait fermer son restaurant, elle pourrait quand même revendre tout son matériel et ses locaux. C'est ce qu'on appelle liquider l'entreprise. L'argent qui lui resterait (s'il en reste…) après qu'elle aurait payé toutes ses dettes serait alors réparti entre les actionnaires en fonction de leurs parts. En plus des dividendes et du droit de vote, chaque action donne ainsi droit à une part de la **valeur résiduelle** de l'entreprise.

Voilà donc les promesses que fait Jeanne en proposant ses actions : une part des bénéfices, une possibilité d'intervenir dans la gestion et une part de la valeur résiduelle de l'entreprise en cas de liquidation. Pour séduire des épargnants, elle devra présenter de façon convaincante cette offre et la façon dont elle compte utiliser l'argent, ce qui peut demander l'aide d'un spécialiste, un banquier d'affaires qui se chargera de trouver des preneurs pour ses actions. S'il utilise pour cela la Bourse, on dira qu'il a réalisé l'**introduction en Bourse** du restaurant de Jeanne. S'il contacte directement des preneurs potentiels, on dira qu'il a réalisé un **placement privé**.

Pour ceux qui voudraient bien lui prêter de l'argent, mais sans prendre le risque de partager les bénéfices ou les pertes, Jeanne peut aussi offrir des bouts de papier où elle a écrit « bon pour 100 euros dans dix ans, et 5 euros chaque année en attendant » et les proposer de les vendre 100 euros chacun. Elle propose ainsi aux épargnants de lui prêter 100 euros pendant 10 ans contre un intérêt de 5% par an. Ces certificats sont appelés des **obligations**.

Les cours

Jeanne suit donc les conseils de son ami, fait imprimer ses actions et charge un banquier de les vendre. Que va-t-il se passer maintenant ? Tout dépend de la réaction aux offres de Jeanne. Si personne ne lui fait confiance, elle ne pourra pas écouler ses actions au prix de 100 euros pièce et devra réduire ce prix si elle veut récolter quand même un peu d'argent. Si à l'inverse son projet est jugé séduisant, il peut se présenter des demandeurs pour plus d'actions qu'elle en offre, et les plus enthousiastes vont offrir de les payer plus cher. Comme pour n'importe quel bien offert sur le marché, il se dégagera un prix de marché, qui dépendra de l'offre et de la demande.

Il n'y a aucune raison pour que ce prix soit égal à la valeur dite « nominale » de 100 euros. Peu importe ce qui est écrit sur les actions ; leur valeur réelle, c'est à dire le prix que les acheteurs paient, est déterminée par l'offre et la demande. Si Jeanne pensait que son offre est très intéressante, elle aurait pu demander d'emblée 120 euros par action, bien que leur valeur nominale soit de 100 euros, et certains amateurs enthousiastes auraient même pu en offrir 130 euros. La valeur nominale n'a en réalité qu'une seule signification : la part des bénéfices que l'action représente et le nombre de voix auxquelles elle donne droit aux assemblées.

J'achète donc quelques actions de Jeanne, et me voilà actionnaire du Restaurant du Marché. Si plus tard je ne fais plus confiance à Jeanne, ou si une autre offre plus séduisante se présente, que va-t-il se passer ? En plus de sa fonction de mise en relation des investisseurs et des épargnants, la Bourse me permet de céder la promesse de Jeanne à quelqu'un d'autre, et éventuellement d'acheter une autre promesse. Ces transactions entre ceux qui souhaitent acquérir des titres existants et les possesseurs de titres qui souhaitent s'en débarrasser sont appelées **transactions secondaires**.

Ces transactions peuvent porter non seulement sur des actions, mais aussi sur d'autres formes de promesses, par exemple les obligations qui sont de simples reconnaissances de dettes. En rendant les obligations négociables, la Bourse permet de se faire rembourser une dette par un autre que celui qui l'a contractée au départ, si lui-même pense que c'est une bonne affaire. C'est ainsi qu'une obligation diffère d'un simple crédit.

Pourquoi voudrais-je vendre un titre, et pourquoi voudriez-vous l'acheter ? Si je suis persuadé que demain les actions de Jeanne ne vaudront plus que 80 euros, et si je trouve quelqu'un qui m'en offre 100, je vais bien sûr lui vendre. Mais pourquoi ce quelqu'un voudrait-il me l'acheter 100 euros ? Parce qu'il pense, lui, que demain ou plus tard il pourra la revendre 120 euros ! Nous retrouvons les vérités fondamentales que nous avons découvertes dès le premier chapitre : un échange n'a lieu qu'entre gens qui ont des opinions différentes sur la valeur de ce qu'ils échangent, et si les deux parties y voient leur avantage.

Il ne peut y avoir transaction que si, en face des gens qui cherchent à se débarrasser de leurs titres, il y a d'autres gens qui veulent les acquérir. Quand une transaction se réalise, il y a forcément un acheteur pour chaque vendeur. Ce marché fonctionne comme tous les autres : si je veux vendre, je baisserai mon prix jusqu'à ce que je trouve quelqu'un pour l'accepter, ou jusqu'à ce que le prix soit trop bas pour que j'aie encore envie de vendre ; celui qui veut acheter offrira un prix de plus en plus élevé, jusqu'à trouver quelqu'un qui veut vendre et avant que plus personne ne veuille acheter à ce prix. Mais il n'y a aucune raison pour que le prix dont nous conviendrons finalement corresponde à la valeur nominale inscrite sur les titres, ni à une quelconque évaluation « objective » de la valeur de l'entreprise.

Au total, la confrontation de toutes les intentions de vente et d'achat fera émerger un « cours » pour chaque titre. Le cours des actions et des obligations résulte de la confrontation des opinions subjectives que les uns et les autres se font des perspectives à long terme de chaque entreprise.

Comment se forment ces évaluations subjectives ? Il existe des spécialistes, les analystes financiers, qui tentent de comprendre les forces et les faiblesses de chaque entreprise, ainsi que l'évolution globale de l'économie, pour se forger une opinion raisonnée. Mais la plupart des investisseurs se contentent de lire les opinions des experts et d'impressions plus ou moins vagues, et font confiance à la majorité. Si je vois que le cours d'un titre baisse, je vais chercher à vendre, et je vais ainsi renforcer le mouvement de baisse ; c'est l'inverse si je vois que le cours monte. Au total, on peut dire qu'une valeur monte parce qu'une majorité pense qu'elle va monter ; elle baisse parce qu'une majorité pense qu'elle va baisser.

Pour l'observateur superficiel, tous ces mouvements semblent arbitraires et erratiques, et la Bourse a toute l'apparence d'une loterie ou d'un casino. On peut y gagner, et quelquefois gros, mais on peut aussi perdre, sans comprendre pourquoi. Elle semble dominée soit par les effets de mode, soit par de sombres complots des puissants contre les petits actionnaires. En réalité, cette situation ne fait que refléter trois faits fondamentaux que nous avons identifiés : d'abord le caractère subjectif de tout jugement de valeur, ensuite l'incertitude et le risque inhérents à la production, et enfin la difficulté pour un profane d'évaluer les plans des entreprises et leurs chances de réussite.

Il peut arriver que les évaluations subjectives s'emballent pour un grand nombre de valeurs. Les porteurs de ces titres se croient alors riches et se portent acquéreurs d'autres titres, au besoin en empruntant de la monnaie, ce qui a un effet de contagion sur l'ensemble de la Bourse : tous les cours montent. De même, se croyant riches, ils se portent acquéreurs de biens réels, ce qui accroît la demande de biens et de services et accélère l'activité économique générale. C'est ce qu'on appelle un **boom** boursier.

Mais cette apparente prospérité ne repose que sur la confiance du public dans les promesses de certains entrepreneurs. Si pour une raison ou pour une autre ces promesses ne se concrétisent pas ou si la confiance disparaît, les titres de ces entreprises s'effondrent. Ceux qui se croyaient riches de la valeur de leurs actions réalisent que cette richesse était illusoire. S'ils avaient contracté des emprunts gagés sur la valeur de ces titres, ils ne peuvent les rembourser qu'en vendant d'autres titres, ce qui déclenche un effet de contagion, cette fois à la baisse. Les « nouveaux pauvres » réduisent leurs achats et l'activité économique ralentit. C'est ce qu'on appelle un **krach** boursier. On s'aperçoit alors que le boom n'était qu'une **bulle** qui devait nécessairement finir par se dégonfler dans un krach.

Le système financier

Dans cette jungle apparente qu'est la Bourse, de nombreux intermédiaires se pressent pour venir en aide à l'épargnant moyen. Les banques y placent une partie des sommes que leurs clients leur confient. Les compagnies d'assurance y font fructifier les réserves qu'elles constituent pour tenir leurs promesses en cas de sinistre.

Il existe aussi des **fonds de placement**, qui proposent aux épargnants de leur confier leurs économies, généralement contre un engagement de leur verser des intérêts réguliers, et se chargent de gérer globalement le placement en Bourse des sommes ainsi récoltées. Ces fonds, dont les plus connus sont les **fonds de pension** et les **SICAV**[10], servent d'intermédiaires entre les épargnants individuels et la Bourse, et se différencient les uns des autres par le niveau de risque qu'ils assument et que leurs adhérents acceptent de courir. Ils sont animés par des gestionnaires spécialisés dans l'évaluation des perspectives de développement des entreprises cotées en Bourse, qui s'appuient à leur tour sur des analystes spécialisés.

Il existe également des fonds dits de « **placements privés** », qui jouent le rôle d'intermédiaires entre les épargnants (individuels ou institutionnels) et les entreprises sans passer par la Bourse. Les gestionnaires de ces fonds sont en contact direct avec des entreprises ou des candidats à la création d'entreprise, dont ils peuvent évaluer les plans et les perspectives. Ils sont généralement spécialisés par secteur géographique, par branche d'activité et par type de projet. Les plus connus sont les fonds de **capital-risque** qui s'intéressent aux entreprises nouvelles, mais il existe aussi des fonds spécialisés dans le redressement d'entreprises en difficulté, dans la transmission d'entreprises, etc.

Tous ces organismes, qui ont chacun leur utilité, composent un système complexe offrant aux épargnants de multiples canaux pour placer leur épargne et aux entreprises de multiples canaux pour financer leurs projets.

La Bourse rend aussi deux autres services, en plus de permettre aux entreprises de trouver de la monnaie pour financer leur croissance et aux épargnants de trouver des investissements pour rémunérer leur épargne. Elle permet aux détenteurs de titres de les échanger contre de la monnaie, et donc indirectement contre d'autres titres ou d'autres biens. C'est ce qu'on appelle la **liquidité**. Un titre ou un bien est d'autant plus liquide qu'il est facile de le convertir en monnaie rapidement et à peu de frais, ce que permet l'existence d'un marché organisé et actif.

Le deuxième service est de fournir un jugement permanent sur les entreprises et leurs perspectives d'évolution. Un cours qui baisse signale une perte de confiance relative : un cours qui monte indique une confiance soutenue du public. Mais ces mouvements ne reflètent que les opinions subjectives des opérateurs et des analystes, compte tenu des informations plus ou moins exactes et plus ou moins fiables dont ils disposent. Ce sont ces mouvements qui permettent de gagner de l'argent en Bourse en achetant et en vendant au bon moment, et peuvent aussi en faire perdre.

Pour les entreprises elles-mêmes, ce jugement n'a de conséquences concrètes que dans deux cas. Le premier est celui des entreprises qui ont besoin de la Bourse pour se développer en émettant de nouvelles actions. Ce faisant, l'entreprise cède une part des voix à l'assemblée générale des actionnaires, et les actionnaires actuels risquent de perdre une partie de leur influence – ce qu'on appelle être « dilués ». Plus le cours est élevé, moins l'entreprise qui veut lever une certaine somme doit émettre d'actions pour cela, et donc moins le risque de dilution est grand. Les actionnaires ont donc doublement intérêt à ce que les cours des actions qu'ils possèdent soient élevés : pouvoir éventuellement les vendre un bon prix et conserver leur pouvoir de décision.

Le deuxième cas est celui des prises de contrôle. Le pouvoir d'un actionnaire est proportionnel au nombre d'actions qu'il détient, et certains peuvent être tentés d'imposer leur volonté en détenant la majorité des droits de vote. Or les droits de vote coûtent d'autant moins cher que le cours de l'action est bas. La Bourse peut ainsi fonctionner comme un marché du contrôle des entreprises, où des agents économiques, particuliers ou organisations, échangent des droits à intervenir dans la gestion des entreprises.

Si le public perd confiance dans l'entreprise, ce qui se traduit par une baisse du cours de ses actions, d'autres entrepreneurs ou des investisseurs professionnels peuvent proposer aux actionnaires d'en prendre le contrôle et de lui donner une nouvelle orientation, au besoin en changeant les dirigeants. Pour cela, ils pourront par exemple proposer aux actionnaires de leur acheter leurs actions à un prix supérieur à leur cours actuel, si eux-mêmes, les acquéreurs, leur accordent à tort ou à raison, une valeur encore supérieure. C'est ce qu'on appelle une **offre publique d'achat** ou OPA.

Comme toujours sur le marché, ce sont les détenteurs d'actions qui décideront en acceptant ou non de les céder à ce nouveau venu. Cette éventualité est évidemment une menace pour les dirigeants en place, qui les pousse à agir de telle sorte que le cours de l'action soit aussi élevé que possible, ce qui signale que les investisseurs ont une haute idée des perspectives de l'entreprise et de la qualité de sa gestion. S'ils réussissent, ils conserveront leur poste ; sinon ils seront évincés. La Bourse rend ainsi un autre service ; sélectionner les chefs d'entreprise les plus efficaces.

Au total, de même que la survie des entreprises est entre les mains des consommateurs à travers le marché des biens et des services, comme nous l'avons vu dans le chapitre précédent, leur naissance et leur développement sont entre les mains des investisseurs à travers le marché des capitaux. Au bout du compte, puisque les investisseurs dépendent eux-mêmes des épargnants qui sont en même temps les consommateurs, c'est nous tous qui façonnons sans le savoir l'appareil de production.

Résumé

La fonction principale de la finance est faire passer de la monnaie des mains des épargnants vers les mains des entrepreneurs, qui la convertiront en moyens de production. La monnaie épargnée, c'est à dire détournée de la consommation immédiate, est ainsi investie, c'est à dire affectée à l'amélioration de l'appareil de production. L'épargne et l'investissement, autrement dit la formation de capital, sont nécessaires au progrès économique.

Le système financier confie l'argent des épargnants à des entrepreneurs, en échange de promesses de revenus futurs. Ces promesses peuvent prendre la forme d'actions, qui donnent droit à recevoir une part des bénéfices de l'entreprise et à participer à sa gestion, ou d'obligations, qui constituent une reconnaissance de dette et donnent droit à recevoir des intérêts.

Les marchés financiers servent à acheter et à vendre les titres qui concrétisent ces promesses. Leur prix se forme comme le prix de tous les biens, par confrontation entre l'offre et la demande, qui traduisent les opinions subjectives des êtres humains quant aux perspectives des entreprises. A travers les marchés financiers, ceux qui n'ont plus confiance dans une entreprise peuvent céder leurs droits à d'autres qui ont confiance.

Chapitre 5
Le système économique

Réunissons maintenant ce que nous avons vu dans les quatre chapitres précédents pour tenter de répondre à la question posée dans l'introduction : quelles sont les dispositions sociales qui aident les êtres humains à se rendre mutuellement des services ? Comment ce système économique fonctionne-t-il dans son ensemble ?

Pour mieux comprendre, nous avons examiné successivement les opérations d'échange, directes ou indirectes par l'intermédiaire de la monnaie, puis la production et la finance. Mais dans la réalité, tout fonctionne à la fois, et chacun joue simultanément plusieurs rôles. Les mêmes personnes consomment, produisent, épargnent et cherchent des placements, d'autres cherchent du travail, d'autres ont des idées d'entreprises et cherchent des financements, d'autres investissent et recrutent, des entreprises font faillite, d'autres se créent, etc. Les systèmes de production, de consommation et financier fonctionnent simultanément et avec les mêmes acteurs.

L'humanité ne se décompose pas en populations distinctes : d'un côté les travailleurs, de l'autre les consommateurs, dans un troisième lot les épargnants. L'immense majorité d'entre nous joue en permanence les trois rôles à la fois, et ces rôles se combinent dans chaque personne dans des proportions variées. Il en va de même pour le rôle d'entrepreneur, même s'il n'est joué que par un plus petit nombre. Comme tout le monde, les entrepreneurs travaillent, consomment et épargnent ; et chacun peut devenir entrepreneur s'il le décide (ce qui ne veut pas dire qu'il réussira nécessairement).

Le marché et ses lois

L'organisme économique est donc un immense système de production et d'échanges où nous tous, en tant que producteurs, arrivons avec toutes sortes de biens et de services pour les offrir à tous les autres en tant que consommateurs. Comment nous arrangeons-nous entre nous ?

Pour commencer, supposons un marché très simple : William, Xavier, Yolande et Zoé ont décidé de cultiver des choux et ont chacun un chou à vendre. William a décidé qu'il ne vendrait pas le sien moins de 1 euro, Xavier moins de 2 euros, Yolande moins de 3 et Zoé moins de 4. En face, il y a quatre acheteurs potentiels Anne qui ne veut pas acheter à plus de 1 euro, Bernard à plus de 2, Claude à plus de 3 et David à plus de 4.

La première fois qu'ils se présentent au marché, ils se rencontreront probablement au hasard. Anne peut tomber sur William et lui acheter un chou pour 1 euro ; David, de son côté, en achète un à Xavier pour 3 euros. Si Yolande rencontre Claude, ces deux là pourront faire affaire pour 3 euros. Zoé et Bernard ne pourront pas s'entendre, et ces deux là repartiront bredouilles.

Le lendemain, tous sauront vite que David a bien voulu payer 3 euros et que William vend ses choux pour seulement 1 euro. Aussi tous les acheteurs (dont David) chercheront William et tous les vendeurs (dont William) chercheront David. Il est probable que les premiers qui se rencontreront seront justement David et William, qui feront affaire pour quelque chose comme 2,5 euros, entre les 2 euros que demande William et les 3 euros que David est prêt à payer. De la même façon, Claude et Xavier feront également affaire autour de 2,5 euros. Cette fois, c'est Anne et Bernard qui seront privés de choux ; Yolande et Zoé ne vendront toujours pas les leurs.

Mettons-nous à ce moment dans la peau de Yolande, et supposons qu'elle a appris que les choux se sont vendus 2,5 euros. Elle se dit qu'elle a été trop gourmande en exigeant 4 euros, et que si elle s'était contentée de 2,5 euros, elle aurait vendu son chou. En effet, après que David et William d'une part, Claude et Xavier d'autre part se sont mis d'accord, elle aurait pu rencontrer Bernard, qui est prêt à payer 2 euros, et lui céder son chou à ce prix. Le lendemain, elle décide donc de ne demander que 2 euros pour être sûre de vendre son chou et …. patatras… elle ne le vend toujours pas !

Que s'est-il donc passé ? Yolande n'a pas été la seule à réfléchir. Zoé, qui ne se sent pas capable de produire un chou pour moins de 3 euros, a abandonné la production ; William, encouragé par sa réussite, a apporté deux choux qu'il veut vendre au moins 2 euros pièce. Comme ils en ont maintenant l'habitude, William fait affaire avec David et Xavier avec Claude, de nouveau pour 2,5 euros ; quant à Bernard, il a rencontré d'abord William et s'est résigné à payer les 2 euros qu'il lui demandait. Anne et Yolande sont toujours bredouilles.

L'équilibre économique

Quelques jours plus tard, Yolande a suivi l'exemple de Zoé et a abandonné la production de choux. Anne et Bernard ont compris que, s'ils tiennent vraiment à manger des choux, ils devront se résigner à payer jusqu'à 3 euros. Xavier a décidé d'imiter William et offre deux choux pour 2 euros pièce. Il reste alors deux offreurs qui ont en face d'eux quatre demandeurs prêts à les payer au plus 3 euros, et tous pourront être satisfaits à un prix d'environ 2,5 euros.

A partir de ce moment, si aucun événement extérieur ne vient modifier la situation, et si nos amis ne changent pas d'avis, ils vont répéter chaque jour les mêmes échanges. Le tout petit univers économique qu'ils forment tournera « en rythme uniforme » La plupart des économistes disent qu'il est « à l'équilibre » et que 2,5 euros est le « prix d'équilibre » du chou.

Tout se passera de la même façon si nous avons affaire à un grand nombre d'acheteurs, de vendeurs, de biens et de services. Chaque consommateur choisira, dans tout ce qui lui est proposé, ce qu'il préfère, au meilleur prix. Tant qu'un demandeur et un offreur peuvent se rencontrer et se mettre d'accord sur un prix qui convient aux deux, les échanges peuvent continuer.

Au bout du compte, il va probablement rester soit des demandeurs non servis, soit des offreurs qui ont de la marchandise sur les bras, ou même les deux. Certains demandeurs vont alors accepter de payer un peu plus cher plutôt que de repartir bredouilles, et certains offreurs vont baisser leurs prix pour ne pas avoir à remballer leur production. Les prix réellement pratiqués vont progressivement se rapprocher les uns des autres, comme nous l'avons vu au chapitre 1.

Les jours suivants, ceux qui ont tout vendu auront tendance à offrir de plus grandes quantités et peut-être à augmenter leurs prix. Les autres sauront qu'ils ne peuvent pas dépasser un certain prix s'ils veulent écouler leur production. Sachant ce qui s'est passé les jours précédents, les acheteurs et les vendeurs auront une idée de ce qui constitue un prix normal, si bien que dès l'ouverture du marché, les prix proposés par les uns et des autres seront voisins du prix de marché de la veille, et les prix réellement pratiqués convergeront de plus en plus vite.

Au bout d'un certain temps, si les désirs des consommateurs restaient inchangés et si les techniques de production restaient les mêmes, les prix et les quantités produites finiraient par se fixer à un niveau tel que la quantité offerte par les vendeurs à ce prix est égale à la quantité que les demandeurs veulent acheter à ce prix. Dans cette situation, il n'y aurait plus de raison que le prix change ; c'est pourquoi on l'appelle « situation d'équilibre ».

Dans le monde réel, les conditions d'apparition de l'équilibre ne sont pas satisfaites. Tout change, les goûts et les désirs des consommateurs comme les techniques de production. L'équilibre vers lequel conduit à chaque instant le libre jeu des échanges se déplace en permanence : s'il semble quelquefois être atteint, ce n'est qu'une situation provisoire. L'équilibre économique tant étudié par les économistes n'est qu'une construction intellectuelle imaginaire inventée pour pouvoir analyser les effets de certaines causes prises isolément, en supposant les autres inactives. Nous y reviendrons au chapitre 8.

L'ajustement de la production

Revenons sur l'attitude des producteurs. Certains vendent tout ce qu'ils produisent à un prix qui les satisfait ; ils peuvent ne rien changer et continuer à offrir la même quantité au même prix. Pour gagner un peu plus d'argent, ils peuvent tenter d'augmenter leurs prix, ou décider d'offrir une quantité supérieure. D'autres n'ont pas vendu tout ce qu'ils avaient produit, ou ont vendu à des prix qui ne couvrent pas leurs dépenses. Pour améliorer leur situation, ceux-là peuvent produire moins (et donc dépenser moins), ou essayer de trouver plus de clients, ou améliorer leur produit. Ils peuvent aussi prendre le risque de réduire leurs prix dans l'espoir de trouver plus de clients.

Mais rappelons-nous qu'en économie, aucune prévision exacte n'est possible[11]. Augmenter ou réduire les prix risque de ne pas avoir l'effet espéré sur les volumes vendus, si bien

---

[11]

Voir chapitre 1

que l'entreprise risque d'y perdre. Quant à augmenter les quantités ou améliorer les produits, cela exige en général des investissements et ne porte ses fruits qu'après un certain délai. De plus, les résultats réels de ces actions dépendent de ce que feront les autres producteurs et de ce que choisiront les consommateurs, et sont donc incertains.

William va peut-être penser qu'il y a des gens qui achèteraient plus de choux s'ils étaient vendus moins de 2 euros. Grâce aux bénéfices qu'il a réalisés, il va expérimenter de nouvelles techniques de culture, et trouvera peut-être un moyen d'en produire une grande quantité pour 1 euro pièce. S'il pense qu'il fera une bonne affaire en proposant des choux à 1,5 euros, le marché trouvera probablement un nouvel équilibre autour de ce prix, en satisfaisant un plus grand nombre de consommateurs.

Si Xavier, le concurrent de William, ne peut pas mettre en œuvre cette nouvelle méthode de production, il a le choix entre aligner son prix sur celui de William et perdre de l'argent, ou maintenir son prix et ne plus rien vendre. Dans un cas comme dans l'autre, il disparaîtra du marché et William se retrouvera en situation de monopole jusqu'à ce qu'un autre offreur trouve un moyen de proposer des choux encore moins chers.

Il y a en effet d'autres gens qui s'estiment capables de produire des choux : ils observent en permanence les prix de marché et les comparent aux dépenses qu'ils devraient supporter pour la production, compte-tenu des techniques qu'ils pensent maîtriser et des prix actuels du marché pour ce qu'ils doivent consommer. Les plus malins essaient même de tenir compte de ce que risquent de devenir tous ces prix dans le futur. Ils se livrent au calcul économique que nous avons décrit au chapitre 3. Si certains pensent pouvoir produire pour suffisamment moins cher que le prix de marché, ils vont le faire, en contestant éventuellement le monopole de William.

Chaque producteur agira donc selon ses inclinations et son anticipation des réactions de l'environnement. Il n'est au pouvoir de personne, pas même des économistes, de prévoir avec certitude ce que chacun va faire. En outre, certains réussiront et d'autres échoueront. Tout au plus peut-on dire que si les producteurs perçoivent que la demande est supérieure à l'offre, c'est à dire en situation de pénurie, ils auront globalement tendance à augmenter la production, à augmenter les prix et à investir dans les moyens de production. A l'inverse, en cas d'abondance, c'est à dire d'excès d'offre sur la demande, les mêmes mécanismes provoqueront une réduction de la production, une baisse des prix, un accroissement de l'activité commerciale et des investissements dans la recherche d'innovations.

Dans le même mouvement, les producteurs les moins efficaces, qui ne savent pas produire à un coût inférieur au prix de marché, seront poussés à améliorer leurs techniques de production, ou sinon à abandonner, tandis que les plus efficaces seront poussés à produire des quantités plus importantes. Le marché sélectionne ainsi les producteurs et les techniques de production les plus efficaces.

Si les consommateurs désirent acheter de plus grandes quantités (c'est-à-dire si la demande augmente), nous avons vu que les prix de marché vont augmenter. Mais ceci n'est qu'un premier temps ; ces prix plus élevés vont inciter les producteurs à offrir de plus grandes quantités, voire permettre à des producteurs moins efficaces de se présenter sur le marché. Dans un deuxième temps, cette offre accrue permettra de satisfaire les demandeurs, et ramènera les prix au voisinage des prix qui prévalaient avant l'accroissement de la demande. A l'inverse, une diminution de la demande entraînera d'abord une baisse des prix, puis une réduction de l'offre par sélection des producteurs les plus efficaces.

Supposons maintenant que les consommateurs se lassent des saucisses aux choux et se mettent à préférer le cabillaud pommes vapeur. Jeanne et ses collègues restaurateurs seront les premiers à s'en apercevoir. Ils vont alors solliciter des producteurs de pommes de terre et des poissonniers, qui à leur tour vont accroître leur demande auprès des pêcheurs. En même temps, ils réduiront leurs achats de choux et de saucisses.

Comme nous l'avons vu précédemment, ces modifications de la demande auront pour effet de faire baisser le prix des choux et des saucisses, et de faire monter celui des pommes de terre et du poisson. Constatant cela, certains paysans vont abandonner la production des choux pour se lancer dans celle des pommes de terre. D'un autre côté, les revenus des pêcheurs vont augmenter, et cela suscitera de nouvelles vocations. Il leur suffit pour cela d'observer l'évolution des prix et de se livrer au même type de calcul économique que Jeanne au chapitre 3.

L'offre et la demande de chaque bien ne peuvent pas être mesurées directement ; on dit qu'elles ne sont pas observables. En revanche, les prix le sont, et leur évolution indique aux producteurs s'ils doivent produire plus ou moins de chaque bien, en même temps qu'elle oriente la consommation. Si le prix d'un bien augmente, cela invite les consommateurs à en consommer moins et les producteurs à en produire plus, jusqu'à ce qu'un nouvel équilibre s'établisse. A l'inverse, s'il diminue, cela invite les consommateurs à en consommer plus et les producteurs à en produire moins. Les mécanismes de la formation des prix fournissent aux entrepreneurs les signaux qui leur permettent d'ajuster leurs activités à la demande de façon fine et permanente.

Cet ajustement nécessite évidemment un certain délai pour que l'appareil productif se réoriente voire se réorganise. Et avant qu'il ait intégré une modification, une autre se produira ; jamais l'équilibre cher aux économistes néoclassiques ne sera atteint. L'économie réelle est en perpétuel mouvement.

La concurrence entre offreurs

Entre les différents efforts que font les producteurs pour améliorer leurs offres afin de survivre, ce sont les demandeurs, c'est à dire les consommateurs, qui vont arbitrer en choisissant les produits qui les satisfont le mieux au meilleur prix. Les producteurs qui réussissent le mieux à satisfaire cette demande en obtiendront une part importante et en tireront ainsi des revenus élevés qui leur permettront de poursuivre leur activité et même de l'étendre. Ceux qui n'y parviennent pas verront leur part de marché et leurs revenus diminuer et devront peut-être abandonner.

En effet, une entreprise ne peut survivre qu'en offrant des produits au moins aussi bons que ses concurrents pour pas plus cher. Plus précisément, pour qu'une entreprise vive, il faut qu'il existe un nombre suffisant de clients pour ses produits à des prix qui lui permettent de couvrir ses dépenses, donc qu'aux yeux de ces gens-là, ce que fait l'entreprise ait plus de valeur que ce qu'elle consomme. Sinon, l'entreprise n'a pas de raison d'exister, puisque le reste du monde préfère ce qu'elle consomme à ce qu'elle produit.

Chaque producteur est donc en concurrence avec tous les autres, et risque d'y laisser sa peau s'il n'adapte pas en permanence son offre, ses méthodes et son organisation aux désirs de sa clientèle et aux actions de ses concurrents. Mais remarquons deux choses : d'abord, quand une entreprise disparaît, c'est une façon particulière d'assembler certains outils et certaines compétences qui disparaît, mais ni ces outils, ni ces compétences ni les hommes qui en sont porteurs. Au contraire, ceux-ci sont en quelque sorte libérés et rendus disponibles pour d'autres assemblages qui, eux, seront peut-être approuvés par les consommateurs. Encore faut-il que d'autres entrepreneurs imaginent ces nouveaux assemblages et décident de se risquer à les mettre en place.

Deuxièmement, cette compétition a pour objectif la satisfaction des consommateurs. Ce n'est pas l'analogue de la boxe, où il s'agit de frapper l'adversaire jusqu'à l'abattre ; c'est plutôt semblable au patinage artistique, où l'objectif est de séduire le public et les juges, qui sont dans ce cas les consommateurs. Certains concurrents peuvent être tentés de recourir à des manœuvres déloyales, mais dans l'ensemble la concurrence sur le marché n'a rien à voir avec la guerre. Il n'y a pas de bons et de méchants ; tous essaient de servir au mieux leurs clients, et ce sont les consommateurs, c'est à dire nous tous, qui en profitent.

La production est un moyen, la consommation une fin. Les désirs de consommation des êtres humains sont une donnée extérieure pour l'économie, alors qu'une activité de production n'est utile, donc justifiée, que si des êtres humains en consomment librement les produits. Il n'y a jamais d'intérêt pour la société dans son ensemble qu'une production utilise plus de ressources que nécessaire, en particulier soit assurée par un plus grand nombre de personnes ou d'entreprises que nécessaire.

Les entreprises productrices sont aussi engagées dans une autre compétition de même nature, cette fois pour obtenir les ressources dont elles souhaitent disposer pour leur développement. Les arbitres sont cette fois les investisseurs, et les gagnants sont les entreprises dont les projets semblent les plus aptes à produire des biens assez séduisants pour convaincre une clientèle de les payer plus cher qu'ils n'ont coûté à produire.

Cette concurrence financière, qui détermine à quelles entreprises et à quels projets sera consacrée l'épargne disponible, est encore plus hasardeuse que la concurrence sur le marché des biens. En effet, les juges ne se déterminent pas d'après les qualités et les prix de biens existants, mais par rapport aux promesses des entrepreneurs, en utilisant leur propre jugement subjectif sur la validité de ces promesses et la capacité de ces entrepreneurs à les tenir.

Au total, et malgré toutes les imperfections des jugements humains qui en sont la substance, la concurrence tend à mettre les moyens de production, matériels et humains, entre les mains de ceux qui savent le mieux les assembler pour répondre aux désirs de leurs contemporains. En plus de sa fonction primaire d'échange de biens et de services, le marché a pour fonction secondaire la sélection des entreprises et des entrepreneurs les plus efficaces. A travers le marché, nous décidons ce qu'il faut produire, comment le produire et qui doit le produire. Ces jugements sont des opinions subjectives et fluctuantes, mais ce sont les nôtres.

Le problème fondamental de l'économie est bien d'abord celui de la production, et précisément de l'ajustement de celle-ci aux désirs de consommation. Les consommateurs ne peuvent choisir que parmi ce qui leur est proposé par les producteurs, et toutes les décisions relatives à la production doivent nécessairement précéder le verdict des consommateurs. Les producteurs essaient donc de deviner ce que les consommateurs voudront leur acheter. Ceux qui devinent juste et produisent bien gagneront de l'argent et survivront ; les autres devront soit trouver le moyen de s'améliorer, soit disparaître. Les producteurs proposent, les consommateurs disposent.

Au total, contrairement à une image trop répandue, le monde économique laissé à lui-même (le marché) n'est pas du tout le chaos. C'est au contraire un système de haute précision régi par des mécanismes extrêmement perfectionnés, d'autant plus qu'ils se sont développés spontanément au fil des siècles et n'ont jamais été imposés par une volonté centrale.

Consommation et production

Les mécanismes économiques ont pour rôle d'ajuster la production de chacun aux désirs de tous. Selon la façon dont ils fonctionnent, ce qui est produit peut correspondre plus ou moins bien à ce qui est désiré. Toute production n'est pas nécessairement bonne, pas plus que tout investissement. On peut produire des choses dont les gens ne veulent pas, et faire des investissements qui se révèleront inutiles. Les grandeurs qu'on appelle macroéconomiques, comme le volume total de la production et le volume total de la consommation, ne veulent pas dire grand'chose. Le vrai problème, c'est l'ajustement fin en qualité et en quantité : faire en sorte que ce que les gens produisent corresponde à ce qu'ils désirent le plus consommer.

Revenons sur la vérité évidente que nous avons formulée au début du chapitre 3 : tout ce qui est consommé doit d'abord avoir été produit.

Pour un individu isolé qui n'échangerait avec personne d'autre, ou pour un groupe isolé, quelle que soit son organisation sociale, cette évidence se traduit par : un individu ou un groupe isolé ne peut consommer que ce qu'il produit.

La société réelle est constituée à la fois d'individus et de groupes plus ou moins naturels, comme la famille, la tribu ou l'entreprise. A l'intérieur des groupes unis par des liens biologiques ou affectifs, les échanges sont réglés par l'instinct, l'altruisme, la solidarité et la compassion, des sentiments constitutifs de la nature humaine. Des modes de coopération analogues, qui n'utilisent pas les processus du marché, existent à l'intérieur des cercles d'amis, des associations, et dans une certaine mesure des entreprises. Ils conviennent en effet, de façon générale, à des groupes assez petits et assez stables pour que tous les individus se connaissent, et qui ne se livrent qu'à une gamme limitée d'activités et d'échanges.

Pour un individu ou un groupe immergé dans un système d'échanges, la règle « tout ce qui est consommé doit d'abord avoir été produit » devient un peu plus complexe. Cet individu ou ce groupe peut échanger des choses qu'il a produites contre des choses qu'a produites un autre individu ou un autre groupe, et peut consommer de cette façon des choses que lui-même n'a pas produites. Mais pour cela, il faut qu'un autre individu ou un autre groupe accepte cet échange, et donc que les deux y voient leur intérêt.

Supposons maintenant que ces échanges se font de façon indirecte en utilisant une monnaie, comme nous l'avons vu au chapitre 2. Quand vous voulez acquérir quelque chose que j'ai produit, vous me remettez de la monnaie qui représente la valeur que vous avez accordée à ma production, et par-là un certain droit de tirage sur ce que vous avez vous-même produit.

Mais, comme nous l'avons vu, le propre de la monnaie est que tout le monde l'accepte en échange d'un bien ou d'un service. Si ce que Pierre peut m'offrir contre cette monnaie m'intéresse plus que ce que vous pouvez m'offrir, c'est à lui que je la donnerai en échange d'un service, et c'est lui qui détiendra maintenant le droit de tirage sur ce que vous avez produit.

De proche en proche, on peut donc dire que la monnaie que vous m'avez remise est en réalité un droit de tirage sur ce qu'a produit ou produira le reste de la société. Mais pour obtenir de la monnaie, je dois d'abord avoir fait quelque chose que le reste de la société, en la personne d'un de ses représentants, considère comme assez utile pour me donner en échange son droit de tirage sous forme de monnaie. De même, les biens ou services auxquels me donne droit la monnaie que je possède sont déterminés de la même façon par le reste de la société.

En résumé, un individu ou un groupe immergé dans une société peut non seulement consommer ce qu'il a produit lui-même, mais il peut aussi en échanger une partie contre ce que d'autres individus ou groupes ont produit. En économie monétaire, il peut alors consommer l'équivalent de ce qu'il a produit, cette équivalence étant jugée par la société tout entière à travers les processus de formation des prix. Au total, le marché permet aux individus et aux groupes de coopérer et d'échanger sans faire appel à des liens affectifs.

De nombreux économistes et commentateurs disent que le problème central de l'économie est la « répartition » des richesses, comme si on faisait un gros tas de tout ce qui a été produit pour le découper ensuite. Comme nous l'avons vu au chapitre 3, cette vision est totalement erronée. Quand les produits arrivent à l'existence, ils appartiennent déjà à quelqu'un, l'entrepreneur qui a pris l'initiative et le risque de les produire. La soi-disant « répartition » ne peut en réalité se faire qu'à travers des échanges, et la part de chacun reste toujours proportionnelle à sa contribution à la production, telle qu'elle est estimée, à tort ou à raison, par le reste de la société.

Au total, la règle naturelle est que chacun ne peut consommer qu'en proportion de ce qu'il a produit et de la valeur que les autres êtres humains attachent à cette production. A bien y réfléchir, c'est une règle de justice élémentaire : puisque la société dans son ensemble ne peut consommer que ce qu'elle produit, et que la production totale est la réunion des productions individuelles, pourquoi certains consommeraient-ils plus que l'équivalent de ce qu'ils ont produit, ce qui n'est possible que si d'autres consomment moins que ce qu'ils ont produit et sont donc « exploités » au juste sens du terme ?

Il faut néanmoins introduire un correctif : l'espèce humaine est ainsi faite que chaque individu met très longtemps avant de pouvoir prendre sa place dans la production, et doit donc être entretenu par ses parents et sa famille. A l'opposé, il arrive un moment où nous ne pouvons plus collaborer à la production. Plus généralement, les instincts sociaux qui caractérisent notre espèce poussent l'immense majorité d'entre nous à venir en aide à ceux qui n'ont pas reçu ou ont perdu les moyens de contribuer efficacement à la production.

La dure loi ci-dessus est donc adoucie par les effets de la solidarité, mais elle reste valable pour l'immense majorité. Quand chacun, ou chaque famille, vit en autarcie, chacun subvient à ses besoins et n'a pas besoin d'être utile aux autres : quand on veut tirer avantage de la productivité accrue des autres, il faut entrer dans le jeu économique et se rendre soi-même utile aux autres en entrant dans la coopération et en accumulant du capital.

Le marché et nous

Dans une société libre, je décide de faire quelque chose pour les autres, et ils me disent si ça leur convient ou non en choisissant librement ce qu'ils veulent consommer.

Je ne peux évidemment pas faire n'importe quoi : si je décide de consacrer ma vie entière à fabriquer des schmilblicks, au point de ne plus avoir le temps de faire autre chose, je décide du même coup, que j'en sois conscient ou non, de devoir dépendre des autres pour me nourrir, m'habiller, me soigner, etc. Ils le feront volontiers, quoique inconsciemment, si mes schmilblicks leur plaisent assez pour qu'ils me les achètent ; sinon j'en serai réduit à compter sur la charité publique.

Cette contrainte existe quelle que soit l'organisation de la société à laquelle j'appartiens. Ce n'est pas, comme le prétendent certains, une particularité condamnable de la société marchande ou du capitalisme. Ca serait pareil s'il n'existait ni marché ni monnaie. Mais le marché et la monnaie rendent les échanges plus faciles, comme nous l'avons vu dans les chapitres précédents. Grâce à la monnaie et au marché, j'aurai en réalité plus et non moins de chances de vivre en faisant ce que je veux faire, même si c'est fabriquer des schmilblicks. Sans marché ni monnaie, il est probable que je ne survivrais pas bien longtemps, sauf si j'étais roi et que j'avais le pouvoir de contraindre mes sujets à m'entretenir.

Si je veux fabriquer des schmilblicks et que je trouve des fournisseurs et des clients à des conditions qui me permettent de satisfaire mes autres désirs, je n'ai pas besoin d'autre autorisation. Si vous avez envie de schmilblicks et que les miens vous plaisent, c'est pareil. Ni vous ni moi n'avons besoin de l'accord de toute la société, et encore moins d'une autorisation ou d'une garantie de l'État. Il s'agit de simples accords entre individus, qui ne concernent personne d'autre et ne lèsent personne. C'est la caractéristique fondamentale d'une société libre que deux personnes peuvent se mettre d'accord sans demander d'autorisation, tant qu'ils n'attentent pas aux droits de quelqu'un d'autre.

Mais que se passe-t-il si personne ne veut de mes schmilblicks, soit parce que les schmilblicks n'intéressent personne, soit parce que d'autres en font des meilleurs et des moins chers ? Il vaudrait mieux que je fasse autre chose, par exemple des vistemboirs dont la demande dépasse la production. Mais non, je m'obstine, et bien sûr je ne gagne pas ma vie. J'ai beau pouvoir choisir librement ce que je veux faire, les autres peuvent choisir tout aussi librement de m'ignorer.

A tout moment, la situation qui résulte du fonctionnement du marché laisse nécessairement des insatisfaits. Quel que soit le prix d'une chose, il y a toujours des gens qui pensent que c'est trop cher (les consommateurs qui veulent l'acheter) et des gens qui pensent qu'elle n'est pas assez chère (les producteurs qui veulent la vendre). De même, il y a aussi des gens dont l'activité n'est pas suffisamment appréciée par les autres pour qu'ils en tirent un revenu satisfaisant. Encore une fois, ces « imperfections » existent nécessairement dans tout système économique, quel qu'il soit.

La tendance naturelle du marché libre vers une situation d'équilibre a pour effet d'atténuer ces insatisfactions. En effet, dans la situation hypothétique d'équilibre, le prix de marché convient à la fois à un grand nombre de producteurs et à un grand nombre de consommateurs. Le simple fait qu'un grand nombre de gens se soient effectivement livrés à des échanges prouve qu'ils pensent que, tout bien pesé, le prix est acceptable. Mais à côté de ces gens à peu près satisfaits, il y a des gens qui pensent que le prix est trop élevé, au point que certains doivent se priver du bien en question, et à peu près autant qui pensent que le prix est trop bas, surtout si ce bien est leur propre travail.

Justice et injustices

Le langage courant appelle souvent ces situations des « injustices » ou des « inégalités », et les philosophes ont écrit des livres entiers à ce sujet, sans se mettre d'accord sur ce que serait la « justice économique ».

Mais peut-on vraiment parler de justice et d'injustice ? Est-il « injuste » que je meure de faim parce que personne n'achète les schmilblicks que je m'obstine à fabriquer avec tant d'amour et qui n'ont pas leur pareil ? Serait-il « juste » que l'État m'entretienne pour faire des schmilblicks dont personne ne veut, ce qu'il ne peut faire qu'en prélevant des taxes sur vous tous, mes concitoyens ?

Il y a aussi des observateurs et des commentateurs qui pensent que les résultats du fonctionnement du marché ne sont pas « justes » ou « moraux » pour des raisons d'ordre philosophique. Ils pensent que certaines choses devraient être moins chères et que d'autres ne devraient pas être produites du tout. Ils pensent aussi que tout être humain devrait avoir les mêmes droits à la consommation quelle que soit sa contribution à la production.

Ces jugements ne sont que des opinions personnelles discutables. Le seul jugement irréfutable sur la valeur relative de chaque bien par rapport à tous les autres, c'est celui qui résulte de l'intégration effective des jugements en actes de l'ensemble des humains. Pour chaque bien, son prix librement fixé par le marché est la meilleure (ou la moins mauvaise) évaluation possible de la valeur que lui accorde l'ensemble de la société. C'est en tous cas la seule estimation qui résulte de la confrontation effective des libres opinions du plus grand nombre de personnes.

Dans cette opération collective de jugement de valeur, nous sommes à la fois tous concurrents et tous solidaires. Il n'y a pas d'un côté des producteurs et de l'autre des consommateurs dont les intérêts seraient en conflit : chacun de nous est à la fois producteur et consommateur, épargnant et investisseur. Chacun de nous produit des choses qu'il ne consommera pas et consomme des choses qu'il n'a pas produites ; chacun a intérêt à ce que les choses qu'il consomme soient le moins chères possible, mais aussi à ce que les choses qu'il contribue à produire soient les plus chères possible. Avant d'opposer les uns aux autres, les conflits d'intérêt passent à l'intérieur de chacun.

Les résultats du fonctionnement du marché ne sont pas les décisions d'un despote extérieur à l'humanité. Le marché n'est pas un personnage mystérieux tout-puissant, ni une bande de conspirateurs qui décide en secret du destin de l'humanité ; c'est seulement le nom qu'on donne à l'ensemble des interactions des êtres humains qui produisent et échangent. C'est l'ensemble des actions courantes des hommes dans leur propre intérêt, et non la manifestation d'une force extérieure. C'est aussi, avec la monnaie, la principale des institutions que les êtres humains ont inventées pour les aider à se rendre mutuellement des services.

Dans les résultats du fonctionnement du marché, tout le monde a sa petite part d'influence, mais personne ne peut les changer à lui seul, quelque opinion qu'il en ait. Pour chacun de nous pris en particulier, les prix de marché et les quantités de chaque bien qui sont offertes, comme celles qui sont consommées, sont des données auxquelles nous devons ajuster notre action, mais que chacun de nous ne peut influencer que de façon infime.

Ce pouvoir d'influencer le marché n'est pas le même pour tous. A un extrême, ceux qui n'ont rien à offrir ne peuvent pas participer aux échanges et n'ont aucune influence sur les prix ni sur les quantités. Ceux qui ont le plus d'influence sont évidemment ceux qui ont le plus à offrir, en particulier ceux qui possèdent le plus de monnaie. Nombreux sont ceux qui considèrent que cette situation est une injustice. Sans entrer ici dans ce débat, rappelons-nous qu'on ne peut normalement obtenir de la monnaie qu'en échange de services rendus à nos semblables, et qu'on obtient d'autant plus de monnaie que ces services sont plus appréciés, quelle qu'en soit la raison. A part quelques exceptions, la richesse de chacun est le résultat des jugements des autres membres de la société sur les services qu'il leur a rendus.

Au total quel jugement porter sur le fonctionnement du marché ? Contrairement à une opinion répandue, on peut logiquement s'attendre à ce que les résultats soient dans l'ensemble plutôt satisfaisants, malgré les imperfections et les « injustices ». En effet, pris individuellement, nous agissons tous en cherchant à augmenter notre bien-être ; et la société humaine est ainsi faite que chacun ne peut trouver son bien-être qu'en aidant les autres à trouver aussi le leur. Il serait bien surprenant qu'une majorité d'entre nous n'y arrive pas, et que la quête active du bonheur par tous conduise en fait au malheur général.

Il y a pourtant des gens pour le penser, et pour soutenir que l'intervention d'un pouvoir central est indispensable au bien-être des humains, et qu'il faut les soumettre à une contrainte extérieure pour y parvenir, ou tout au moins réduire les imperfections et éliminer les injustices. C'est ce que nous allons examiner dans le chapitre suivant.

Résumé

Le marché est un lieu, réel ou virtuel, où des êtres humains se rencontrent pour procéder à des échanges. Il n'est au pouvoir de personne de prévoir les résultats de ces échanges de façon exacte et certaine. Les acteurs du marché ne peuvent pas prévoir avec certitude les effets de leurs propres actions. Les économistes ne peuvent prévoir que des situations imaginaires infiniment plus simples que les situations réelles.

En cherchant à satisfaire leurs désirs aux meilleures conditions, les consommateurs choisissent les produits dont ils pensent qu'ils leur procureront le plus de satisfactions au plus faible coût. Ce faisant, ils poussent les producteurs à améliorer sans cesse leurs produits et à diminuer leurs prix.

Au fil du temps et des échanges, les prix de chacun des produits offerts par des producteurs différents se rapprochent d'un prix dit « de marché » qui représente un compromis entre ce que souhaitent les producteurs et ce qu'acceptent les consommateurs.

Si les demandes des consommateurs et les techniques de production restaient inchangées, les actions des demandeurs et des offreurs feraient évoluer le marché vers un état où toutes les transactions pour un même bien auraient lieu au même prix et où ce prix resterait constant dans le temps. On dit que le marché serait alors à l'équilibre. Cet état d'équilibre ne peut en règle générale jamais être atteint dans la réalité. Ce n'est qu'une fiction que les économistes utilisent dans le cours de leurs raisonnements.

Dans leur propre intérêt, les producteurs sont contraints de satisfaire au mieux les demandes des consommateurs.

Cette concurrence fait disparaître les producteurs qui répondent le moins bien aux demandes des consommateurs, et fait apparaître des innovateurs qui pensent pouvoir satisfaire ces demandes mieux que les producteurs existants. De même que les consommateurs ne peuvent consommer que ce qui a été produit par les producteurs, les producteurs ne peuvent survivre qu'en produisant ce que les consommateurs désirent.

Le fonctionnement naturel du marché laisse nécessairement un grand nombre de gens insatisfaits. Mais la situation qui résulte du fonctionnement du marché, en particulier les prix, représente l'intégration des jugements et des actions de tous ceux qui ont participé aux échanges. Le marché n'est que le nom qu'on donne à l'ensemble des interactions des êtres humains qui produisent et échangent.

Au total, nous agissons tous en cherchant à maximiser notre bien-être, et la société humaine est ainsi faite que chacun ne peut trouver son bien-être qu'en aidant les autres à trouver aussi le leur. On peut donc logiquement s'attendre à ce que le libre fonctionnement du marché donne des résultats d'ensemble plutôt satisfaisants, malgré les imperfections et les « injustices ».

Chapitre 6
L'État et les institutions

Jusqu'ici, nous n'avons presque pas parlé d'un personnage, l'État, pourtant omniprésent à la fois dans la réalité et dans les controverses de la place publique. La réflexion sur l'État traverse toute la pensée économique depuis près de trois siècles, à tel point qu'il est courant de classer les économistes d'après leurs seules positions à ce sujet : d'un côté les libéraux, de l'autre les partisans de l'intervention de l'État.

Pour parler du rôle de l'État dans l'économie, utilisons la méthode qui nous a servi jusqu'ici : observer la réalité et raisonner de façon élémentaire à partir de ces observations, en évitant à la fois la passion, les idées préconçues et tout ce que vous et moi ne pouvons pas vérifier directement par l'observation honnête et sans préjugés.

Qu'est ce que l'État ?

L'origine et la nature de l'État sont extérieures au domaine de l'économie. Pour en parler, il faut quitter l'économie avant de pouvoir y revenir, et nous poser la question fondamentale : qu'est-ce que l'État ? En quoi diffère-t-il des autres acteurs comme vous et moi ou les entreprises, même si elles s'appellent Peugeot ou Microsoft ?

Observons d'abord qu'un État se définit habituellement par un territoire géographique délimité par des frontières. Il existe dans le monde de nombreux États (un peu plus de 200 actuellement), qui opèrent dans des territoires différents et concernent les personnes qui vivent dans ces territoires.

Ces États agissent à travers des organisations qu'on appelle des gouvernements, qui ont en commun avec les entreprises de réunir des hommes et des outils pour faire certaines choses. La nature et l'étendue des activités des gouvernements varient d'un État à l'autre. Elles se rangent à peu près en quatre catégories :

Premièrement, tous les États font des lois, établissent des règles de toutes sortes et les font respecter sur leur territoire, en utilisant la police et la justice.

Deuxièmement, ils fournissent à leurs citoyens une gamme variable de services, par exemple l'enseignement, la défense contre les agressions extérieures, mais aussi certaines formes d'assurance comme la sécurité sociale ou l'assurance contre le chômage. Toujours dans les services, ils peuvent produire des soins médicaux, des statistiques, des prévisions météorologiques, des émissions de télévision ; ils peuvent faire de la recherche, entretenir les routes, distribuer le courrier, assurer les télécommunications, etc.

Troisièmement, les États redistribuent les richesses entre leurs citoyens, soit directement en prélevant de l'argent aux uns pour le donner aux autres, soit indirectement en fournissant des services à bas prix, voire gratuits. Dans ce dernier cas, les bénéficiaires de ces services les obtiennent pour moins cher que ce qu'ils coûtent et d'autres paient la différence, ce qui est bien une forme de redistribution.

Enfin, chaque État gère la monnaie nationale. La gestion de la monnaie peut être considérée à la fois comme un service, puisque la monnaie est utile, et comme un moyen de redistribution des richesses. En effet, comme nous l'avons vu au chapitre 2, créer de la monnaie augmente la richesse de ceux entre les mains de qui elle apparaît et diminue celle de tous les autres, ce qui est bien une redistribution.

Ces actions ne sont pas d'une nature tellement particulière que seul l'État pourrait les accomplir. Tout ce que fait l'État, ou presque, d'autres organisations le font aussi ou peuvent le faire. Des règles : toutes les organisations, associations ou entreprises, ont leurs règles et les font respecter. Des services : il existe des écoles et des cliniques privées, des sociétés d'assurance et des laboratoires privés. La redistribution : les associations humanitaires utilisent des dons pour répondre aux besoins des nécessiteux. La monnaie : nous avons vu au chapitre 2 que les banques en créent, sans parler des faux-monnayeurs.

L'étude de l'histoire nous permet même de constater que, à de rares exceptions près, tout ce qui nous apparaît aujourd'hui comme indissociable de l'État moderne – les écoles, les hôpitaux, la police, les « services publics », la monnaie, etc. – est né d'initiatives privées et n'a été repris par l'État qu'ensuite. Il n'y a aucune raison de penser que, sans l'État, ces services n'existeraient pas.

L'État ne peut donc pas se définir d'une façon générale par la nature des services qu'il rend. Quelle est alors la différence fondamentale entre l'action de l'État et celle des organismes privés qui ont des activités similaires ?

Parlons d'abord des règles. Que se passe-t-il quand un employé d'une entreprise ou un adhérent d'une association ne se conforme pas au règlement de cet organisme ? Si je fais scandale dans mon club de belote ou dans mon entreprise, le pire qui puisse m'arriver est d'en être exclu et de ne plus pouvoir jouer à la belote avec mes copains, ou de ne plus être payé par cette entreprise. Mais ça ne m'empêchera pas de fréquenter d'autres associations, de jouer aux dames, d'être embauché par une autre entreprise ou de gagner ma vie en ouvrant une pizzeria. Le règlement d'une organisation peut prévoir une panoplie de sanctions selon la gravité de la faute, allant d'une simple réprimande à une amende, ou à la privation de tout ou partie de ce qu'on recherche en adhérant à cette organisation. Mais la plus grave de toutes les sanctions possibles ne peut pas dépasser l'exclusion.

Dans le cas de l'État, les lois prévoient de la même façon une panoplie de sanctions graduées, mais qui vont jusqu'à l'emprisonnement et même souvent jusqu'à la mort. L'État a le droit de retirer totalement un individu de la société, y compris en lui ôtant la vie, alors que la sanction la plus grave que pourra prendre une autre organisation laisse le fautif libre de toutes ses autres actions dans la mesure où elles ne dépendent pas de l'organisation qui l'a exclu.

De plus, pour les organisations privées, l'adhésion est volontaire et le règlement ne s'applique qu'à ceux qui ont librement choisi d'y souscrire. Si le règlement de mon club de belote ou de mon entreprise me semble trop contraignant, je peux changer de club ou d'entreprise. Dans le cas de l'État, au contraire, chacun est soumis aux lois et règlements de façon automatique en fonction de son lieu de naissance ou d'habitation. Le simple fait d'être né en France, dans lequel je ne suis évidemment pour rien, m'oblige à respecter les lois françaises, alors que je ne suis obligé de me plier au règlement de copropriété de mon immeuble que si j'ai librement choisi d'y habiter.

En résumé, ce qui caractérise l'action de l'État, et quelle que soit la nature de cette action, c'est qu'il peut utiliser la force, y compris la plus extrême, pour faire respecter certaines règles par toute une population, sans avoir nécessairement l'accord préalable des membres de cette population. Les instruments fondamentaux de tout État, qu'il est généralement seul à détenir, sont l'armée et la police (ce qui explique pourquoi tant de chefs d'État aiment apparaître en tenue militaire). Dans tous les cas, c'est l'usage de la contrainte pour imposer à une partie de la population d'un certain territoire la volonté d'une autre partie. On parle de « puissance publique » et on considère que, dans une démocratie, son rôle est d'imposer à tous la « volonté générale » exprimée par la majorité.

Que serait un État qui ne disposerait pas de la force, qui n'aurait ni police ni armée ? Chacun d'entre nous ne respecterait les lois que si elles lui conviennent. Nous ne paierions d'impôts que si nous sommes satisfaits des services que nous offre l'État. Rien ne pourrait empêcher d'autres que l'État de proposer les mêmes services ; et si ces concurrents font mieux, l'État disparaîtrait. Bref, un tel État fonctionnerait très exactement comme une entreprise privée.

Cette définition de l'État par l'usage de la violence n'est sérieusement contestée par personne, même si certains n'aiment pas trop qu'on la rappelle. Tous les penseurs sont d'accord là-dessus, de quelque bord qu'ils soient. Leurs différences d'opinion, même s'il leur arrive d'être profondes, ne portent que sur l'étendue de ces pouvoirs et sur la légitimité des actions : qui fait ces règles ? Jusqu'où l'État peut-il aller pour les faire respecter ?

A ces questions, qui dépassent largement le cadre de l'analyse économique, on peut proposer des réponses différentes, que notre propos n'est pas d'analyser ici. Mais c'est déjà un grand pas de convenir que ce qui distingue l'action de l'État de celle des autres acteurs, c'est la possibilité de recourir à la contrainte et à la violence. Pour juger si une action de l'État est légitime, il faut donc se demander si l'usage de la contrainte est légitime dans ce cas particulier ; et pour en juger les effets, il faut tenir compte des effets de cette contrainte sur l'ensemble des acteurs.

L'État producteur

Revenons maintenant à l'économie, c'est à dire à la production, à l'échange et à la consommation. L'État y intervient en produisant et en consommant lui-même, en légiférant et en faisant respecter les lois applicables à ces activités, et en redistribuant les richesses produites.

Qu'en est-il des services que rend l'État ? Prenons par exemple la télévision. A côté des chaînes publiques gérées par l'État, il existe des chaînes privées de deux types : les chaînes payantes, qui tirent leurs revenus de leurs spectateurs, et les chaînes « gratuites », qui tirent leur revenu de leurs annonceurs. Dans un cas comme dans l'autre, les versements sont volontaires : un annonceur peut cesser de payer et un spectateur peut résilier son abonnement s'ils estiment ne pas recevoir les services qu'ils attendent en échange.

Comme toute entreprise, une chaîne privée ne peut survivre que si elle satisfait une clientèle suffisante, c'est à dire une audience suffisante, car même les annonceurs jugent le service rendu d'après l'audience. Elle ne peut forcer personne à l'entretenir. Si son audience disparaît, la chaîne disparaît aussi. On peut donc être sûr que toutes les chaînes qui existent satisfont un certain nombre de gens, ce qui n'exclut d'ailleurs pas qu'elles en exaspèrent d'autres.

Par contraste, une télévision d'État est alimentée en tout ou en partie par la redevance qui, comme son nom l'indique, est un versement obligatoire pour tout possesseur d'un récepteur, même s'il ne regarde jamais aucune chaîne publique. Contrairement aux chaînes privées, les chaînes publiques peuvent donc survivre même si personne ne les regarde, car l'État a le pouvoir de contraindre les gens à payer quelle que soit leur opinion sur le produit qui leur est offert, et de fournir ainsi à une chaîne que personne ne regarde les moyens de survivre quand même s'il le juge bon.

D'une façon générale, ce qui distingue les services rendus par l'État des services rendus par des entreprises privées, c'est que la décision de les fournir ou non, ainsi que la définition précise du service, sont soustraites au jugement direct des destinataires de ces services (ce qu'on appelle le « marché »). Ces services et leurs bénéficiaires sont définis par l'État, et ils sont payés en tout ou partie par des gens désignés eux-mêmes par l'État et contraints de s'exécuter.

Cette définition englobe à juste titre toutes les institutions dotées du pouvoir légal de contrainte. Peu importe que ce soit l'État proprement dit ou d'autres institutions qui tirent de l'État leur pouvoir de contrainte, comme les collectivités locales (municipalités, régions, etc.), les agences et autres organismes d'État, ou même les monopoles protégés par l'État, même s'ils ont l'apparence juridique d'entreprises indépendantes comme la Sécurité Sociale. Peu importe aussi à ce stade que ces institutions fournissent ou non un service considéré comme utile voire indispensable. Le trait distinctif commun est que l'existence de toutes ces organisations n'est pas suspendue au jugement direct des destinataires de leurs services à travers leur libre choix de les utiliser ou non.

De plus, ces services sont souvent monopolisés, c'est à dire que l'État interdit à qui que ce soit d'autre de les offrir, sous peine de sanctions. A la contrainte sur les payeurs pour assurer l'existence de ces services s'ajoute dans ce cas l'usage de la contrainte pour empêcher d'autres de les offrir. Ceux qui n'en seraient pas satisfaits n'ont alors pas de possibilité de s'adresser ailleurs.

Le producteur privé, lui, n'a pas d'autre source de revenu que ce que les bénéficiaires de ses services acceptent de lui donner en échange, et aucun moyen d'empêcher d'autres producteurs d'offrir des services concurrents. Cette situation le pousse à faire de son mieux pour servir le mieux possible les utilisateurs de ses services, en ajustant son produit à leur demande de façon aussi précise que possible, et en mettant en œuvre les techniques de production les plus efficaces. Même si elles tendent à utiliser pour survivre tous les moyens à leur portée, y compris quelquefois les plus discutables, les entreprises privées sont obligées de soumettre les intérêts des producteurs, que ce soit leurs actionnaires, leurs créanciers ou leurs employés, au jugement des consommateurs qu'elles servent.

Pour que l'État se comporte de la même façon, il faudrait qu'il accepte que des organismes privés puissent lui faire concurrence, et donc ne s'arroge aucun monopole. Il faudrait aussi qu'il accepte d'avance, si les bénéficiaires de ses services décident de s'en passer ou de s'adresser ailleurs, de redéployer vers d'autres usages les ressources que ces services utilisaient, ou de les remettre à la disposition des initiatives privées.

Or, comme nous l'avons vu au chapitre 3, aucun producteur n'accepte de gaieté de cœur que son existence même, et la position des ses employés, soient suspendues en permanence au verdict des consommateurs, sans avoir d'autre recours que de mieux servir ses contemporains. L'État, qui se considère comme dépositaire de l'intérêt général, s'y résigne encore moins que les autres. Tous cherchent à se protéger contre les consommateurs et indirectement les uns contre les autres, et nombreux sont ceux qui demandent à l'État d'assurer cette protection, en présentant leur propre existence comme relevant de l'intérêt général.

En effet, seul l'État a la possibilité de persévérer contre la volonté des consommateurs. Il serait paradoxal qu'il renonce à s'en servir quand ses propres entreprises sont mises en difficulté. Une particularité des entreprises d'État est donc de pouvoir faire passer les intérêts des producteurs, en particulier ceux des employés de l'entreprise et des propriétaires de son capital, ou d'autres intérêts réputés supérieurs, avant ceux des consommateurs, ce que l'entreprise privée ne peut pas faire bien longtemps.

Ce faisant, l'État se prive des moyens de vérifier en permanence que l'offre de ses entreprises reste adaptée aux besoins et que leurs méthodes sont bien les plus efficaces. Il se prive en même temps d'une motivation impérieuse pour améliorer sans cesse ses produits et ses méthodes. Quelles que soient la bonne volonté et la compétence de ses agents, il est donc normal que l'État produise moins efficacement que les entreprises privées. Ses motivations doivent être autres, par exemple la redistribution, ou la défense des intérêts des uns contre ceux des autres.

Il en résulte que les entreprises soumises à la concurrence ont plus de chances de bien satisfaire les besoins de la société que celles qui ne le sont pas. Contrairement aux idées reçues et à l'imagerie du « service public », la meilleure façon pour un être humain de se mettre au service de ses congénères est d'entrer dans une entreprise soumise à la concurrence, qu'on appelle le plus souvent une entreprise « privée ».

Notons que le simple fait que l'État produise, quelles qu'en soient les motivations, est déjà une forme de redistribution. En effet, puisque les mêmes choses pourraient être produites plus efficacement par des entreprises privées, la production par l'État utilise des ressources qui pourraient être plus utilement consacrées à autre chose. Même dans ses activités productives, l'État prélève donc sur la richesse nationale. Il prend aux uns pour donner aux autres, en particulier à ses propres agents.

Certains disent que c'est bien à l'État de produire les biens et les services de première nécessité. Cet argument est évidemment sans valeur : les boulangeries et les épiceries sont toutes privées, et s'il arrive que des gens manquent de pain ou de lait, ça n'est pas parce que les méchants boulangers et les méchants épiciers décident de les en priver. Au contraire, les boulangers et les épiciers ont intérêt à vendre le plus possible de pain et de lait. Dans une économie libre, si quelque chose est jugé nécessaire, même par seulement quelques-uns, il se trouvera bien un offreur privé pour le produire. Ils seront même d'autant plus nombreux que ce bien est jugé plus utile, et par un plus grand nombre. La concurrence se chargera d'éliminer ensuite les producteurs de biens inutiles et ceux qui gaspillent les richesses en produisant moins efficacement que les autres.

Certains utilisent aussi bien l'argument inverse : que certaines choses doivent être produites alors que le marché ne le permettrait pas (les fameuses « défaillances du marché »). En vertu de ce principe, l'État subventionne des sculpteurs dont personne n'apprécie les œuvres, et des représentations confidentielles de pièces d'obscurs auteurs.

Mais, en l'absence d'une demande clairement exprimée, qui décide de subventionner telle ou telle activité ? Là encore, il s'agit bien de prélever sur la richesse nationale au profit de personnes qui se trouvent avoir les faveurs du pouvoir en place.

Au total, une analyse économique et non politique, limitée à l'efficacité relative de la production, donne dans tous les cas l'avantage à l'entreprise privée en concurrence, quelle que soit la nature du bien dont il s'agit. Si l'État doit assurer certaines productions, ça ne peut pas être au nom d'une efficacité supérieure, mais pour d'autres motifs dont on pense qu'ils sont suffisamment forts pour compenser la perte inévitable d'efficacité économique.

Un argument courant est que ces décisions de l'État sont en réalité celles des citoyens, qui s'expriment démocratiquement par le vote et la désignation de leurs représentants. Discuter cet argument nous entraînerait loin de l'économie. Posons donc seulement deux questions fondamentales.

Premièrement, le vote et le marché ne sont pas deux sources indépendantes, mais simplement deux façons différentes de synthétiser les choix du même groupe d'individus. On peut penser que selon la nature des décisions à prendre, l'une des deux procédures est plus appropriée que l'autre, et en particulier que, s'agissant d'économie, c'est à dire d'ajustement fin de l'offre à la demande, la procédure du marché est plus satisfaisante.

Deuxièmement, le vote oblige la minorité à s'incliner devant la majorité. Or on peut se demander dans quelle mesure et pour quel type de décisions une majorité, c'est-à-dire simplement un plus grand nombre, a le droit d'imposer ses options à un plus petit nombre, ou de façon analogue si les pouvoirs que nous confions aux élus sont limités ou illimités.

Pour en revenir à l'économie, remarquons enfin qu'il y a une différence considérable entre payer chaque année, sous forme d'impôts ou de redevances obligatoires, une somme globale pour la totalité de ce que l'État décide de faire, et payer au coup par coup, à un fournisseur choisi par nous, les services particuliers que nous jugeons bon de lui demander.

L'État régulateur

Même si l'État ne produit rien lui-même ou à travers ses satellites, il établit et fait respecter des règles applicables aux activités économiques, et intervient ainsi dans la production et dans l'échange. Pour les moralistes, il le fait pour protéger les individus contre les « forces aveugles du marché » ; pour les économistes, c'est pour « corriger les imperfections du marché ».

Nous avons vu au chapitre précédent que le marché n'est rien d'autre que l'ensemble des interactions des êtres humains qui produisent et échangent, et que si nous l'accusons d'être aveugle, c'est parce que le résultat des actions des autres hommes ne nous satisfait pas. Pour agir contre les « forces aveugles du marché », il faut se considérer soi-même comme plus clairvoyant que le reste de l'humanité, ou admettre qu'il existe des gens qui le sont et vouloir leur confier le pouvoir d'agir contre la volonté des autres êtres humains. C'est de nouveau un débat philosophique qui sort du sujet de ce livre.

Quant à la notion d'« imperfections du marché », elle renvoie à une théorie particulière qui se réfère au marché « pur et parfait », une construction intellectuelle inventée vers la fin du dix-neuvième siècle par quelques économistes[12].

12

voir chapitre 9

Un tel marché est défini par un certain nombre d'hypothèses, dont celle que chacun recherche uniquement sa propre satisfaction et agit de façon parfaitement rationnelle, celle que chaque producteur est très petit et n'a qu'une part de marché extrêmement faible, et celle que chacun, producteur ou consommateur, connaît parfaitement tout ce qui est et sera demandé et offert, en particulier les prix.

Ces hypothèses ont pour seul but de permettre un raisonnement mathématique qui est à la base de l'école dite « néoclassique », dont nous reparlerons au chapitre 9. Sans entrer dans les détails, ce raisonnement montre que cette construction théorique possède certaines propriétés qui peuvent la faire prendre pour un idéal, au sens où ce serait le meilleur état possible de la société. Les tenants de cette théorie appellent donc « imperfections du marché » toutes les différences entre cet idéal imaginaire et les phénomènes économiques observables du monde réel.

Il existe des opinions différentes sur la question de savoir si le modèle néoclassique est une approximation suffisamment proche de la réalité pour que les conclusions qu'on tire de son étude soient applicables au monde réel. Mais personne ne conteste que l'*homo economicus* qui le peuple n'a strictement rien d'humain, que sa « firme » n'a que peu de ressemblance avec l'entreprise du monde réel, et que la « concurrence pure et parfaite » qui le caractérise est exactement le contraire de la concurrence du monde réel. Quant à « l'équilibre économique », qui est au centre de tous les raisonnements, il désigne une situation hypothétique où aucune activité économique n'aurait plus lieu, et donc où l'objet même de l'étude aurait disparu.

En tout état de cause, et quelque opinion que l'on ait sur l'utilité de ce modèle pour l'étude de l'économie, demander à l'État d'user de son pouvoir de contrainte pour rendre la réalité conforme à un modèle qui n'est qu'un simple artifice de raisonnement est un véritable coup de force intellectuel, sans aucune justification scientifique.

Laissons de côté la légitimité des objectifs que se fixe l'État, qui relèvent de choix philosophiques. L'économiste, lui, peut se poser une simple question d'efficacité : quelles que soient leurs motivations, les actions de l'État aboutissent-elles réellement aux résultats qu'elles visaient ?

Revenons à la situation du chapitre 5, où le prix des choux s'était établi à 2,5 euros, alors que Bernard ne voulait pas payer plus de 2 euros et Anne plus de 1 euro. L'État peut trouver cette situation injuste et tenter de donner satisfaction à Anne et Bernard en imposant un prix maximum de 1 euro sous peine de prison. Que va-t-il alors se passer ? Si personne n'invente un moyen de produire un plus grand nombre de choux pour moins de 1 euro, seul William continuera à produire et un seul acheteur sera satisfait. Il est même probable que ce sera David, qui était au départ d'accord pour payer ses choux 4 euros ! Le résultat est à l'inverse du but recherché. En voulant aider Anne, Bernard et les autres, cette intervention n'a réussi qu'à favoriser encore plus David, et à frustrer à la fois Xavier, qui ne trouve plus de choux alors qu'il était d'accord pour les payer 2,5 euros, et Claude qui ne peut plus gagner sa vie en cultivant des choux, alors que des consommateurs acceptaient de les lui payer à son prix !

Ce cas illustre un problème général des interventions autoritaires : les mécanismes économiques sont assez complexes pour que ces interventions aient souvent des effets opposés à leurs intentions. De plus, elles ne peuvent au mieux que prendre aux uns pour donner aux autres. D'où la nécessité de bien comprendre d'abord la réalité des phénomènes économiques spontanés, qu'on peut qualifier de « naturels », avant de vouloir intervenir dans la formation des prix, et plus généralement dans l'économie.

Cette connaissance est hélas peu répandue ou masquée par des théories fausses, même et peut-être surtout chez les hommes politiques. Agir selon une théorie fausse n'est pas trop grave quand on n'a pas le pouvoir d'imposer ses propres préjugés, car la réalité ramène en général assez vite à la raison. Mais quand on a la possibilité d'exercer la contrainte sur les autres, il y a gros à parier qu'on le fera, et qu'on continuera imperturbablement à appliquer de fausses théories, surtout si on est persuadé d'agir dans l'intérêt général et d'être soutenu par une majorité. Turgot, qui était ministre des Finances de Louis XVI et donc bien placé pour le savoir, écrivait déjà en 1759 : « *L'intérêt particulier abandonné à lui-même produira plus sûrement le bien général que les opérations du gouvernement, **toujours fautives et nécessairement dirigées par une théorie vague et incertaine**[13]* ».

D'une façon plus générale, quand l'État intervient, en faisant par définition appel à la contrainte, les échanges entre agents ne sont plus libres. Nous ne pouvons donc plus affirmer, comme au chapitre 1, que la situation qui résulte de ces échanges est préférée à l'ancienne par tous ceux qui ont participé aux échanges, et on ne peut plus être sûr que l'activité économique des êtres humains va bien dans le sens d'une amélioration continuelle de leur condition telle qu'ils la ressentent.

Bref, si on justifie souvent l'intervention de l'État par la nécessité de corriger les « défaillances du marché », on oublie que les défaillances de l'État sont presque toujours bien pires !

_____

[13]   Éloge de Vincent de Gournay (1759) – c'est moi qui souligne.

L'État protecteur

Un cas particulier d'intervention de l'État dans la production est celui des dispositions visant à protéger les productions nationales contre la concurrence internationale, telles que les droits de douane et les autres mesures protectionnistes.

Revenons au chapitre 2, quand le prix des choux était 4 sous ici et 3 nickels à Bernac, alors que le prix d'une saucisse était de 10 sous ici et de 5 nickels à Bernac. Après s'être rencontrés, les habitants des deux villages étaient convenus d'échanger un sou pour 0.6 nickel, soit 1.7 sous pour un nickel. Moyennant quoi les gens d'ici vont acheter leurs saucisses à Bernac où elles ne leur coûtent qu'un peu plus de 8 sous au lieu de 10 et les Bernacois viennent acheter leurs choux chez nous, où ils ne leur coûtent que 2.4 nickels au lieu de 3.

On pourrait croire que tout le monde y gagne, mais il y a des mécontents : les producteurs de choux de Bernac et les charcutiers d'ici, que nous avons abandonnés à la fin du chapitre 2 alors qu'ils suppliaient leurs autorités locales d'intervenir pour éviter de fermer boutique. Ils font valoir qu'ils vont devoir licencier tous leurs employés et réduire leurs achats auprès des éleveurs de porcs. Tout cela va créer du chômage et une baisse du revenu global, qu'ils appellent Produit Intérieur Brut. Il est donc urgent d'empêcher que les saucisses bernacoises se vendent ici pour moins de 10 sous.

Plutôt qu'interdire purement et simplement l'importation de saucisses, le maire prend conseil d'un économiste et décide d'établir un droit d'importation de 2 sous par saucisse. Pour les clients, cette taxe rend le prix des saucisses de Bernac égal à celui des nôtres et rétablit dans leur esprit une concurrence loyale. Les charcutiers du village sont satisfaits, ainsi que leurs employés. De plus, ça fait entrer de l'argent dans les caisses de la Mairie.

Mais regardons plus loin, comme devrait le faire tout économiste digne de ce nom. Les gens paient maintenant leurs saucisses 10 sous alors qu'ils pourraient ne les payer que 8 sous et consacrer la différence à acheter d'autres choses. Ce sont les premiers perdants, car ils sont ainsi privés des satisfactions que leur apporteraient ces autres choses.

Ce n'est pas tout : s'ils pouvaient acheter ces autres choses, cela favoriserait ceux qui les produisent. Comme ils ne bénéficient pas de cette demande, ces autres producteurs renonceront à embaucher les gens dont ils auraient eu besoin pour la satisfaire. Ce sont les deuxièmes perdants. Et si on peut estimer la perte des uns et des autres par les sommes en jeu, on peut dire qu'au gain des charcutiers correspond une perte identique pour tous les consommateurs et une autre perte identique pour les autres producteurs. Ce qui a été gagné une fois par les uns est perdu deux fois par les autres.

Pas exact, me direz-vous. Le montant des droits de douanes peut être utilisé par l'État qui le perçoit pour justement créer la demande manquante. Mais il est hautement probable que l'utilisation qu'il en fera sera moins conforme au désir des gens que s'ils en disposaient eux-mêmes. De plus, il va falloir payer des douaniers pour contrôler les mouvements de saucisses et percevoir les droits de douane, et il est possible que la taxe prélevée sur les importations n'y suffise pas.

Au total, tous nos concitoyens autres que les charcutiers ont perdu nettement plus que les charcutiers ont gagné. Une fois de plus, l'État ne peut que prendre aux uns pour donner aux autres, et donc nécessairement favoriser une partie de ses citoyens en pénalisant les autres. Le plus souvent, comme ici, il en protège quelques-uns dans leur rôle de producteurs en les pénalisant tous dans leur rôle de consommateurs.

Et nous n'avons pas encore tout vu. Nous ne nous sommes occupés que des effets de la protection des charcutiers sur l'ensemble des habitants du village, et nous avons vu que ces effets sont néfastes pour l'ensemble du village, même s'ils sont bénéfiques pour les charcutiers.

Allons maintenant voir ce qui se passe à Bernac. Les producteurs de choux étaient déjà aussi furieux d'avoir à faire face aux importations de choux que nos charcutiers devant la concurrence de Bernac. Maintenant, en plus, les fabricants de saucisses sont furieux de ne plus pouvoir exporter autant de saucisses qu'ils le pourraient. Il est clair que les mesures protectionnistes de notre maire détruisent des emplois à Bernac.

Déjà les habitants des deux villages se rencontrent de moins en moins. On rapporte même des incidents et des débuts de bagarre, chacun reprochant à l'autre tous les maux qui frappent son village.

Tôt ou tard, le bourgmestre de Bernac sera soumis à des pressions de ses opposants politiques, qui se poseront en défenseurs des agriculteurs. Et bien qu'il ait quelques notions élémentaires d'économie, il finira pourtant par interdire l'importation de choux. Toute la richesse supplémentaire qui aurait pu être créée, en profitant des différences entre les deux villages pour que chacun fasse ce qu'il fait le mieux et échange avec l'autre, ne sera pas créée. Et au lieu d'une coopération harmonieuse, on verra s'installer la méfiance et l'animosité entre les deux villages. C'est ainsi que le protectionnisme conduit au conflit, voire à la guerre.

Bien sûr, tout cela aurait pris du temps. Les effets négatifs étaient visibles immédiatement, et dénoncés de façon véhémente, alors que les effets positifs qui les auraient plus que compensés auraient mis du temps à se réaliser, et à vrai dire personne n'en était assuré au point de s'en porter garant. Le maire et le bourgmestre ont paré au plus pressé et ont privilégié le court terme par rapport au long terme, comme font toujours les gouvernements.

Ils auraient pu utiliser d'autres méthodes, comme des subventions à leurs producteurs au lieu de taxes sur les productions « étrangères ». Le résultat aurait été le même : toute mesure protectionniste, même si elle est réclamée par une partie de la population et si elle paraît justifiée par la sauvegarde de certains intérêts, détruit à terme plus de bien-être qu'elle n'en crée, même dans le pays où est prise cette mesure protectionniste.

Les politiques publiques

Reste un domaine d'intervention de l'État dans l'économie : la conduite des politiques nationales dites « macroéconomiques » : la politique fiscale qui concerne les impôts, la politique budgétaire qui concerne les dépenses de l'État, la politique monétaire qui concerne les taux de change, les taux d'intérêt et la création de monnaie. Ces politiques sont censées déterminer le bien-être de toute la population, aussi bien des producteurs que des consommateurs.

La politique fiscale et la politique budgétaire ont chacune un volet « microéconomique » : à qui, combien, à quelle occasion et sous quelle forme on fait payer des impôts, combien d'argent l'État va dépenser et à quoi il va le consacrer. Par l'impôt, les individus et les entreprises remettent de la monnaie à l'État et à ses organismes de façon obligatoire, sans qu'il y ait un lien direct avec un service reçu. Ces droits sur les biens sont ainsi transférés à l'État qui les utilise selon sa volonté (éclairée dans le meilleur des cas par des procédures démocratiques) et non selon la volonté de ceux qui les ont acquis en rendant des services à leurs semblables.

La politique fiscale et la politique budgétaire sont ainsi des instruments de redistribution et de régulation. Elles transfèrent des ressources d'un agent à un autre sans contrepartie, et elles poussent les gens à choisir leurs activités de production et de consommation d'une façon différente de ce qu'ils feraient spontanément. Nous avons vu dans les paragraphes précédents la faiblesse des arguments en faveur de telles actions.

Ces politiques ont aussi un volet « macroéconomique » à travers la relation entre le total des dépenses, défini par la politique budgétaire, et le total des recettes, défini par la politique fiscale. Si les dépenses sont supérieures aux recettes, ce qui est le cas le plus général, on a un déficit public ; dans le cas contraire, beaucoup plus rare, on a un excédent public.

Mais comment un État peut-il dépenser plus qu'il possède ou qu'il reçoit ? Rappelons-nous que ce n'est pas un personnage surnaturel qui échappe à toutes nos contingences. Ce que consomment les divers organes de l'État, ils doivent le payer en monnaie comme vous et moi.

Pour cela, l'État peut utiliser des réserves qui proviennent d'excédents passés, ce qui ne pose pas de problème particulier. S'il ne dispose pas de tels excédents, il peut emprunter et contracter ainsi une « dette publique ». Mais contrairement à vous et moi qui ne sommes pas des faux monnayeurs, de nombreux États ont une troisième façon de dépenser plus qu'ils reçoivent, et dont ils sont seuls à pouvoir faire usage : créer de la monnaie. Certains ont renoncé plus ou moins volontairement à ce privilège, comme les 12 pays d'Europe qui, en adoptant l'euro, l'ont confié à la Banque Centrale Européenne. Mais en règle générale, les États ont deux sources de monnaie : l'impôt sous toutes ses formes, qu'on l'appelle taxes, redevances, cotisations ou de tout autre nom, et la création ex nihilo.

Politique monétaire

Nous avons vu au chapitre 2 les conséquences de la création de monnaie, que ce soit directement ou à travers une baisse des taux d'intérêt d'une banque centrale qui sert de prêteur en dernier ressort. L'État réduit les droits à des biens réels que possèdent ceux qui ont de la monnaie ou dont les revenus sont exprimés en monnaie, pour les transférer à ceux qui reçoivent sans contrepartie la monnaie nouvellement créée.

Ces effets s'étendent à ceux qui utilisent d'autres monnaies, donc aux échanges entre ce pays et les autres. Puisque la création de monnaie augmente le prix des biens et diminue la valeur de la monnaie, elle le fait aussi pour les utilisateurs d'autres monnaies. Il faut bien se souvenir que le commerce ne se fait pas entre États, mais entre entreprises ou particuliers, même s'ils résident dans des États différents et donc utilisent des monnaies différentes et sont soumis à des lois différentes.

Supposons que le gouvernement français imprime assez de billets en euros pour que les prix des produits en France augmentent de 10%. Ce faisant, et quelles que soient les raisons qu'il a mises en avant pour le faire, le gouvernement français a spolié tous les possesseurs d'euros et tous les gens dons les revenus sont libellés en euros, c'est à dire tous les citoyens de tous les pays qui utilisent l'euro, au profit des quelques-uns auxquels il remet les billets qu'il vient de créer.

Si je veux acheter quelque chose à l'étranger, par exemple un ordinateur à 1000 dollars, il faut d'abord que je me procure des dollars, donc que je trouve quelqu'un qui a des dollars et est d'accord pour les échanger contre mes euros. Or la seule raison qu'un détenteur de dollars peut avoir d'acheter des euros est de pouvoir acheter des choses à des producteurs européens. Comme pour n'importe qui d'autre, la valeur d'un euro pour lui est définie par la valeur de ce qu'il peut acheter avec.

Supposons pour simplifier qu'un dollar valait un euro avant la création de monnaie, et qu'avec 1000 euros, on pouvait acheter une caisse de très bon vin. Maintenant que les prix en euros ont augmenté, cette même caisse coûte 1100 euros. Alors que Tom acceptait d'échanger 1000 dollars contre 1000 euros afin d'acheter une caisse de vin, il lui faut maintenant 1100 euros pour acheter la même chose.

A l'inverse, avec mes 1000 euros, je pouvais avoir 1000 dollars, maintenant je ne peux plus en obtenir que 909 ; et pour acheter le même ordinateur à 1000 dollars, je dois maintenant dépenser 1100 euros. L'euro a été dévalué : le taux spontané d'échange est passé de 1 euro pour 1 dollar à 1,1 euro pour 1 dollar ou 0,909 dollar pour 1 euro.

Comme je suis maintenant moins riche qu'avant par rapport aux habitants des autres pays qui utilisent d'autres monnaies, je vais probablement vouloir acheter moins à l'étranger. Et pour la même raison en sens inverse, les étrangers vont vouloir acheter plus en Europe. La dévaluation de la monnaie locale encourage les exportations et décourage les importations. On peut donc penser qu'elle est favorable aux producteurs du pays dont la monnaie est dévaluée, mais au total l'effet principal est quand même l'appauvrissement des habitants de ce pays.

Pour mieux contrôler la situation, l'État peut fixer de façon autoritaire les taux de change indépendamment de la quantité de monnaie, pensant ainsi disposer de plusieurs leviers pour diriger les politiques nationales. Mais il ne peut pas empêcher les étrangers de comparer ce qu'ils peuvent acheter chez eux avec leurs dollars avec ce qu'ils peuvent acheter en Europe avec les euros qu'ils peuvent se procurer, tandis que les Européens font l'inverse. On peut fixer le prix des choses, on ne peut pas forcer les gens à les produire, à les vendre ou à les acheter.

Nous avons rencontré ce même problème au chapitre 2 entre nos deux villages. Le taux de change « naturel » pousse les productions à s'établir là où elles sont le plus efficaces, et nous y gagnons tous en tant que consommateurs. Mais dans chaque pays, les producteurs moins efficaces que leurs collègues étrangers sont en difficulté et militent pour que l'État intervienne en imposant des taux de change qui leur seraient plus favorables, et seraient de ce fait défavorables aux consommateurs de tous les pays, ainsi qu'à ceux de leurs collègues qui peuvent soutenir la concurrence internationale.

Si on peut acheter la même chose aux USA avec 1000 dollars et en Europe avec 1000 euros, le taux de change naturel qui s'établira spontanément sera 1 euro pour 1 dollar. Si l'Europe impose un cours de 1 euro pour 1,1 dollar (ce qu'on appelle une politique de l'euro « fort »), les Européens pourront acheter plus en convertissant leurs euros en dollars et en faisant leurs courses aux USA qu'en achetant en Europe avec leurs euros. Chaque fois qu'ils le pourront, ils vont donc vouloir changer leurs euros contre des dollars et acheter aux USA plutôt qu'en Europe.

Mais de la même façon, avec la même somme en dollars, les Américains pourront acheter moins en Europe qu'aux USA. Eux aussi vont donc vouloir changer leurs euros, s'ils en ont, contre des dollars ; et en tous cas, ils ne voudront pas céder leurs dollars contre des euros avec lesquels ils peuvent acheter moins de choses. Ce n'est guère que pour acheter des produits qu'on trouve exclusivement en Europe que les étrangers, et d'ailleurs aussi les Européens, toléreront cette hausse des prix.

Cette politique favorise les importations, et nuit aux producteurs européens. La seule façon d'en corriger les effets négatifs serait de dévaluer l'euro. On aboutit ainsi à ce paradoxe qu'imposer à une monnaie un cours trop élevé a pour conséquence de faire baisser le taux d'échange qui s'établirait naturellement. Tant que l'écart entre le taux légal et le taux naturel reste faible, ça ne fait que ralentir les échanges extérieurs, et dans les deux sens : le pays s'isole des échanges internationaux. Si l'écart devient important, il est probable qu'il se formera un marché parallèle où les taux de change seront les taux naturels, compte tenu des restrictions imposées par le gouvernement européen. A la limite, la monnaie locale finirait par être totalement dévalorisée et remplacée par une ou des monnaies étrangères, selon un mécanisme que nous avons vu au chapitre 2.

Finalement, ce que l'État peut faire de mieux, c'est de fixer le cours de sa monnaie au niveau où le situerait spontanément l'ensemble des interactions entre ses propres citoyens et ceux des autres pays. Et comment connaître ce niveau si ce n'est précisément en laissant ces interactions jouer librement ?

La dette publique et les grandeurs macro-économiques

Pour financer les dépenses de l'État, reste l'emprunt. Les gouvernements empruntent aux particuliers à assez long terme, afin de laisser aux gouvernements suivants le soin de rembourser, et d'autant plus volontiers que le gouvernement suivant sera probablement d'une couleur politique opposée.

Puisque la seule ressource de l'État est l'impôt, il faudrait lever de nouveaux impôts pour rembourser l'emprunt et payer ses intérêts. Le plus souvent, le gouvernement en place préfère lancer un nouvel emprunt pour faire face aux échéances des gouvernements précédents, si bien que de proche en proche, la dette publique est un fardeau que chaque génération transmet aux suivantes.

Certains économistes, dont il vaut mieux taire le nom par charité, ont prétendu que cette dette publique était sans importance, en osant cette remarque d'une rare stupidité : « c'est de l'argent que nous nous devons à nous-mêmes ».

Avec ce principe, si Fred le truand me vole toutes mes économies, c'est sans importance car la richesse totale de la société n'a pas changé. « Nous » possédons toujours la même chose, comme s'il était indifférent de savoir qui

possède quoi. Avec ce « raisonnement » (si on peut dire…),
il reviendrait au même qu'un seul individu possède tout et
les autres rien, ou que la richesse soit répartie à parts égales
entre tous. Le sans-abri pourrait se consoler en disant « Bill
Gates et moi, à nous deux **nous** sommes riches »

Accepter un déficit public, c'est autoriser l'État à
consommer aujourd'hui des ressources que nos descendants
devront payer. Or si on nous demande aujourd'hui notre avis
pour consommer, il est probable que nous n'y verrons pas
d'inconvénients, mais on ne peut pas demander leur avis à
ceux qui devront payer, et pour cause car ils ne sont pas
encore nés. C'est comme si on demandait aux complices de
Fred s'ils sont d'accord pour qu'il me prenne mon argent,
mais qu'on ne me demande pas mon avis à moi.

De toute façon, si la dette publique n'avait vraiment pas plus
d'effet que passer de l'argent de ma poche gauche dans ma
poche droite, ou d'écrire sur un tableau « je me dois mille
francs », pourquoi diable l'État le ferait-il en notre nom ? Et
pourquoi diable serait-ce une solution à des problèmes
réels ? Et pourquoi, à l'inverse, ne pourrait-on pas à tout
moment « annuler » cette dette sans autre forme de procès ?

L'absurdité de l'argument « nous le devons à nous-mêmes »
illustre la fausseté des raisonnements macro-économiques
qui ne sont pas ancrés dans la réalité dite microéconomique.
Additionner purement et simplement la valeur de ce que fait
l'un à la valeur de ce que fait l'autre, ou de ce que possède
l'un à ce que possède l'autre ne produit aucun résultat utile
et ne fait qu'éliminer du raisonnement les problèmes réels de
l'économie.

En règle générale, et sauf exception qui doit être dûment
argumentée, les agrégats n'ont pas de sens. Par exemple, on
utilise souvent le Produit Intérieur Brut (le PIB) comme
mesure du bien-être d'un pays. Or nous avons vu dès le
chapitre 1 que le bien-être n'est pas une grandeur mesurable
ni sommable sur une population d'individus. Il n'existe pas

de mesure du bien-être individuel, et encore moins (si c'est possible) du « bien-être collectif ». Ni le PIB ni aucune autre grandeur macro-économique ne peuvent être des mesures du bien-être collectif, mais tout au plus de vagues indicateurs.

La vraie question concerne la composition détaillée de la production et de la consommation. Dans quelle mesure le rôle de chacun dans la production le satisfait-il ? Dans quelle mesure ce qui est produit correspond-il aux désirs de chacun ? Dans quelle mesure chacun peut-il échanger ce qu'il a produit contre ce qu'il désire ? Rien de tout cela ne peut être mesuré, même de façon approximative, par un volume global de production tel que le PIB.

Résumé

L'État est une organisation humaine dont la caractéristique distinctive est de pouvoir utiliser la contrainte, y compris la plus extrême, sur une certaine population. Par définition, l'État force certains individus à accomplir des actions qu'ils ne souhaitent pas accomplir, ou les empêche d'accomplir des actions qu'ils voudraient accomplir.

Quand il intervient dans le domaine économique de la production et des échanges, l'État remplace le jugement quotidien en actes des individus sur les actions de leurs semblables par celui d'une petite minorité formée par les « hommes de l'État », quel que soit leur mode de désignation.

Puisque ses actes ne sont pas soumis au quotidien et en détail au jugement de ceux au bénéfice desquels ils sont censés être entrepris, l'État n'a pas le moyen de savoir s'il fait bien ce que souhaite la population, et s'il le fait de la meilleure façon possible. Contrairement aux entreprises privées, l'État peut persévérer dans des activités inutiles ou improductives, et même aller d'erreur en erreur sous prétexte de corriger ses erreurs précédentes.

Dans tous les cas, l'initiative privée soumise à la concurrence est le moyen le plus sûr d'ajuster aussi exactement que possible les activités productives à la demande réelle.

L'État ne peut pas créer de richesse, en tout cas pas autant que le feraient avec les mêmes moyens les entreprises privées ; il ne peut que les redistribuer en prenant aux uns pour le donner aux autres. Le choix de ces uns et de ces autres est l'essentiel de la composante économique de la politique.

Les interventions de l'État dans la production et les échanges entraînent le plus souvent des effets réels contraires aux objectifs qui avaient motivé ces interventions. En particulier, quand l'État dépense plus qu'il reçoit, ce qu'il peut faire par la création de monnaie ou la dette publique, le résultat net est en réalité un appauvrissement de la société.

Les conséquences des actions de l'État ne sont pas différentes de celles que ces mêmes actions auraient si elles étaient le fait d'autres personnes. Le gouvernement n'est pas tout-puissant. S'il ne veut pas nuire à l'économie du pays, ses marges de manœuvre sont très étroites. Plus son pouvoir réel est grand, et plus les citoyens en attendent parce qu'ils le croient tout-puissant, plus ses actes risquent d'être néfastes.

C'est vrai en particulier pour les politiques publiques qui visent à contrôler de grands agrégats macro-économiques ou des grandeurs qui ne sont en réalité pas directement contrôlables comme les taux de change, ou n'ont pas de signification comme le PIB.

Chapitre 7
Progrès et mondialisation

Jusqu'ici, nous avons examiné les mécanismes qui sont à l'œuvre dans les pays développés. La division du travail, le marché et l'usage de la monnaie y font apparaître une grande variété de biens et de services et une grande variété d'occupations. Mais ça n'est pas le cas partout, et ça n'a pas toujours été le cas chez nous. Il a existé et il existe encore dans le monde des organisations économiques et des modes de vie différents.

Il y a seulement trois siècles, en France, chaque famille de paysans arrivait tout juste à survivre en produisant ce qui lui était strictement nécessaire ; et encore, les famines étaient fréquentes ainsi que les grandes épidémies. Au début du XXe siècle, 60% de la population était encore paysanne. Maintenant, dans les sociétés occidentales, chaque famille d'agriculteurs en nourrit facilement vingt autres, qui de leur côté fabriquent des tracteurs, soignent les enfants des agriculteurs, transportent leurs produits jusqu'aux consommateurs et chantent à la télévision pour les distraire.

Au même moment, certaines sociétés vivent comme nos arrière-arrière-grands-pères vivaient il y a cent ans, d'autres à peu près comme nos ancêtres vivaient il y a mille ans, d'autres encore comme les agriculteurs préhistoriques, et quelques-unes en sont restées à l'âge de pierre.

En examinant les raisons de ces différences, nous abordons dans ce chapitre un sujet particulièrement sensible : celui de l'ordre économique mondial, des inégalités et des échanges internationaux. Pourquoi y a t-il des pays riches et des pays pauvres ? Y a-t-il un lien entre progrès technique et structures sociales ? Qui est responsable des inégalités ? Que peuvent faire les plus favorisés pour aider les autres ?

Les mécanismes de l'évolution économique.

Observons tout d'abord que les pays riches n'ont pas toujours été riches. Il y a quelques milliers d'années, tous les êtres humains présents sur la Terre vivaient misérablement, au jour le jour, de chasse et de cueillette. Nous sommes tous partis du même point. Maintenant, certains ont des voitures, des télévisions, des ordinateurs, etc. que même Alexandre le Grand ou Louis XIV ne possédaient pas, et que la majorité des êtres humains ne possèdent toujours pas. S'il y a aujourd'hui des différences, c'est nécessairement que tous les groupes n'ont pas évolué de la même façon.

Comment s'est produite cette évolution ? Il faut comme toujours partir des vérités élémentaires, et d'abord de la première : tout ce qui est consommé doit d'abord avoir été produit. Si chacun d'entre nous peut consommer plus que nos ancêtres, tout en faisant vivre une proportion croissante de non-producteurs, c'est parce que nous produisons plus par personne, tout en travaillant moins. Et pour produire plus autrement qu'en travaillant plus, il n'existe que deux moyens : coopérer, c'est-à-dire se mettre à plusieurs pour faire ce qu'un seul ne peut pas faire, et utiliser des outils de plus en plus efficaces.

Comme nous l'avons vu dans les chapitres précédents, les sources de notre prospérité sont d'une part la division du travail et l'échange, c'est-à-dire l'organisation économique de la société, et d'autre part l'utilisation d'outils et de formes de coopération efficaces.

Il y a quelques centaines de millénaires, Jo Erectus (à moins que ce soit un de ses ancêtres…) se blesse malencontreusement avec un éclat de silex[14]. Voyant son

---

14

sang couler, il se dit qu'il pourrait peut-être utiliser un éclat de pierre pour blesser les antilopes qu'il chasse avec sa tribu, et se dit même que s'il arrivait à attacher un éclat bien pointu au bout d'une branche bien droite, il pourrait lancer le tout vers les animaux et les blesser à distance.

Il devient alors la risée de ses congénères : il passe le plus clair de son temps à frapper des pierres l'une contre l'autre ou à tenter d'attacher des pierres à des bâtons, au lieu de courir après les antilopes comme tout le monde. Et quand il se joint à eux pour la chasse, c'est en brandissant un drôle de bâton qu'il lance sur les animaux, en les ratant d'ailleurs plus souvent qu'à son tour. Le pauvre Jo ne ramène aucun gibier et doit vivre aux crochets de la tribu.

Et puis un jour, miracle ! L'éclat de pierre qu'il avait attaché au bout du bâton finit par se planter dans le cuir d'une jeune antilope qui fait encore quelques pas avant de s'écrouler. Les autres chasseurs n'ont plus qu'à l'entourer et attendre qu'elle expire. Jo vient d'inventer la sagaie.

L'histoire aurait pu s'arrêter là. Jo aurait pu redevenir un chasseur comme les autres, ou rester un marginal isolé que les autres chasseurs auraient accepté avec ses sagaies car ça les aidait à prendre un peu plus de gibier. Mais Jo a des frères qui veulent l'imiter. Il leur confectionne donc des sagaies comme celle qu'il a enfin réussi à équilibrer de façon à ce que la pointe de pierre arrive toujours la première et se plante dans la cible. Bientôt les frères et les cousins de Jo finissent par prendre plus de gibier que les autres, et sans risquer leur vie à chaque fois.

Alors le succès de la famille de Jo commence à faire des jaloux. Jusque là, la horde chassait à la manière des lions : les meilleurs coureurs rabattaient les antilopes vers un

---

Il va de soi que cette fable ne prétend pas à l'exactitude historique (ou plutôt préhistorique), mais ne sert qu'à illustrer les mécanismes de l'évolution technologique et économique

traquenard où les plus forts attendaient en embuscade. Au moment du partage, les terrasseurs d'antilopes s'attribuaient les meilleures parts, tout simplement parce qu'ils étaient les plus forts. Les autres les craignaient et les respectaient. Ils formaient l'embryon de ce qui, des millénaires plus tard, allait devenir l'État.

Si maintenant les lanceurs de sagaies peuvent se nourrir sans les terrasseurs d'antilopes, c'est tout l'ordre social qui risque d'être bouleversé, à commencer par la suprématie des terrasseurs. Ceux-ci tentent donc d'empêcher la diffusion des sagaies. Mais ils ont beau briser toutes celles qui leur tombent sous la main, et corriger durement les récidivistes, les sagaies se répandent de plus en plus. Ils s'arrangent alors avec le Grand Sorcier qui déclare solennellement qu'utiliser des sagaies est contraire à la volonté des Dieux, mais cela ne fait que retarder un peu leur fabrication et leur utilisation.

Au bout de quelques dizaines de millénaires, il faut croire que les innovateurs l'emportèrent puisque tous les hominiens étaient équipés de sagaies. Et encore quelques millénaires plus tard, les tribus les plus avancées avaient ouvert des carrières et des ateliers, où les plus anciens taillaient des pointes acérées, tandis que ceux qui n'étaient pas assez robustes pour aller à la chasse confectionnaient les sagaies. Au repas du soir, les chasseurs partageaient la viande avec les vieux tailleurs de pierre et les jeunes assembleurs de sagaies, à qui ils devaient indirectement une partie de leurs prises. Et comme la chasse leur laissait maintenant des loisirs, ils commençaient à inventer des histoires, à chanter et à faire des dessins sur les parois de leurs cavernes.

Un petit groupe commençait même à lancer des sagaies de taille réduite à l'aide d'une branche flexible tendue par une liane, beaucoup plus loin qu'ils auraient pu le faire à la seule force de leur bras. Dans leur langue, ils appelaient ça des arcs. Certains commençaient à rêver à la façon dont ils pourraient attraper les lapins sans leur courir après, et inventèrent plus tard les pièges. D'autres se demandaient comment ils pourraient se déplacer plus rapidement, et finirent par domestiquer le cheval.

C'est ainsi que, petit à petit, en s'organisant et en accumulant des outils de plus en plus perfectionnés, l'humanité primitive s'est donné les moyens de consacrer moins de temps et d'énergie à sa simple survie, et a pu accomplir d'autres progrès dans d'autres domaines : intellectuel, artistique, etc. Et à chaque fois, le temps gagné donnait le loisir de rechercher encore d'autres progrès.

En effet, le progrès est cumulatif : chaque pas accompli rend possible de nouveaux pas vers le progrès. Il fallait avoir d'abord inventé la sagaie pour avoir ensuite l'idée d'en faire une version réduite et de la lancer avec un arc. Et moins les humains devaient passer de temps à chasser pour se nourrir, plus ils pouvaient se consacrer à autre chose. De même, il fallait avoir inventé la hache, le marteau, la scie et les clous avant de pouvoir construire des navires, puis la montre et la boussole avant de se risquer sur les océans.

On commence par s'organiser pour mieux satisfaire les besoins les plus urgents : survie, nourriture, abri. Ce faisant, non seulement ces besoins sont mieux satisfaits, mais ça donne un peu de temps libre pour imaginer comment satisfaire des besoins qui jusque là étaient ressentis comme moins urgents, ou qui n'étaient pas ressentis du tout. Et de proche en proche, on invente l'agriculture, l'art, la philosophie, etc. Il n'y a pas d'antagonisme entre les besoins élémentaires et les activités plus nobles. Pour se livrer à des activités dites nobles, il faut s'en être donné le temps et le goût en satisfaisant ses besoins plus matériels. Loin de s'opposer, progrès technologique et progrès intellectuel et spirituel vont de pair.

Innovation et structures sociales

Résumons : chaque étape du progrès, qu'il soit technologique ou social, demande deux phases : l'innovation et l'adoption. L'innovation est l'activité solitaire d'un individu ou d'un petit nombre, qui se déroule souvent à l'écart du groupe social voire contre lui. La phase cruciale, celle qui touche vraiment le groupe et peut lui permettre de progresser, est la phase d'adoption. Mais c'est aussi celle où se manifestent les résistances de ceux qui sont attachés à l'ordre établi et aux façons de faire traditionnelles.

Ce processus est le même pour toutes les innovations, que ce soit la sagaie, la domestication des animaux, la charrue, la boussole, les lunettes, la machine à vapeur, la pénicilline, l'ordinateur, l'énergie nucléaire ou les organismes génétiquement modifiés.

Dans la phase d'invention, les pionniers doivent s'affranchir du carcan des coutumes établies et des idées reçues. Ceci n'est possible que si les autres humains au milieu desquels ils vivent tolèrent les excentriques et acceptent même de les nourrir alors qu'ils ne travaillent pas à ce que le groupe considère comme essentiel. Un certain niveau de liberté individuelle est une condition préalable à tout progrès, mais aussi un certain niveau de solidarité. Les deux sont nécessaires et se complètent.

Mais pour qu'une invention nouvelle transforme les conditions de vie d'une société, l'action des pionniers ne suffit pas. Il faut que les nouveautés se diffusent et que de nombreux hommes décident de les adopter, ce qui implique d'une part d'abandonner les habitudes acquises et d'autre part de consacrer plus de temps à fabriquer des outils et à apprendre à s'en servir.

La phase cruciale de chaque innovation est son adoption par le groupe. Une société qui accumulerait des inventions dans un musée, ou qui en réserverait l'usage à quelques privilégiés, ne progresserait pas réellement. Ce qui compte, ce n'est pas d'avoir inventé l'écriture, la poudre ou le calcul, c'est que tout le monde sache écrire et compter, et que chaque soldat ait un fusil.

Le processus d'adoption repose essentiellement sur la faculté d'imitation que nous partageons avec nos cousins anthropoïdes. Mais il arrive un moment où la diffusion d'une innovation rencontre nécessairement des résistances. Certaines activités deviennent obsolètes et doivent être abandonnées, et donc ceux qui s'y consacrent résistent, surtout ceux qui jouissent d'un statut privilégié justement parce qu'ils excellent dans les pratiques que l'innovation remet en question.

Les institutions sociales du groupe évoluent elles-mêmes de la même façon et par des mécanismes voisins, si ce n'est que l'expérimentation doit être collective, donc plus difficile, donc plus lente ; ce qui explique pourquoi les institutions sont la plupart du temps en retard sur les techniques et constituent plus souvent un frein qu'un aiguillon pour le progrès.

La résistance aux innovations est d'autant plus vigoureuse qu'elle est organisée par des gens sûrs d'eux, confortés par les poids des traditions et l'expérience des anciens, alors que les innovateurs restent longtemps une minorité inorganisée et peu sûre d'elle. Il y a d'un côté l'action spontanée mais dispersée et progressive des individus, de l'autre l'action autoritaire, immédiate et souvent violente des pouvoirs en place, qui peuvent être plus ou moins « éclairés ». Plus les pouvoirs en place sont forts, et plus ils conçoivent leur rôle comme celui de gardiens des traditions, plus les forces retardatrices risquent de l'emporter.

Le résultat, dont il y a de nombreux exemples dans l'histoire, est que l'évolution d'une société peut s'arrêter. Il reste possible que cette société tolère des innovateurs isolés, mais elle n'adopte pas leurs innovations ; les inventions finissent dans un musée et font éventuellement la fierté des élites dirigeantes, mais ne changent pas la vie de la société qui reste figée par la faute de ses institutions politiques et religieuses.

De plus, toute innovation technique se traduit par l'utilisation d'outils plus perfectionnés, qu'il faut d'abord fabriquer. Consacrer du temps aujourd'hui à fabriquer des outils pour être plus efficace demain, c'est ce que nous avons appelé investir ; et ces outils, c'est ce qu'on appelle du capital. Le progrès d'une société suppose que la formation de capital y soit au moins tolérée, et au mieux encouragée.

Le progrès implique la coopération dans la division du travail, et concerne donc nécessairement des groupes structurés. Un être humain isolé pourrait perfectionner progressivement ses propres techniques, mais il atteindrait vite les limites que lui impose sa solitude. La situation serait la même dans un groupe où chacun resterait autonome, et où les capacités du groupe ne seraient donc pas différentes des capacités individuelles de chacun de ses membres.

Le progrès est d'autant plus rapide que chaque être humain peut se spécialiser dans les tâches qu'il exécute le plus efficacement, ce qui implique que tous coopèrent en échangeant les fruits de leurs activités. La coopération sociale par la division du travail et l'échange est une troisième condition du progrès.

Au total, le progrès n'est possible que dans des groupes humains qui non seulement acceptent un certain niveau de liberté individuelle tout en restant suffisamment solidaires, mais aussi qui pratiquent et encouragent l'investissement, l'accumulation de capital, la division du travail et l'échange.

Progrès et marché

Dès les plus lointaines origines de l'humanité, la plus petite unité sociale est la horde ou la tribu et non l'individu isolé.

L'être humain le plus primitif est issu d'une lignée d'animaux, les mammifères supérieurs, chez qui l'élevage des petits mobilise les parents de façon durable et impose déjà une division du travail entre le mâle et la femelle, et une solidarité entre les adultes et leurs petits. Nos cousins les babouins et les chimpanzés vivent en hordes. Imaginer que l'évolution du genre humain est partie de la juxtaposition d'individus totalement séparés et autonomes est un non-sens.

La tribu primitive de nos lointains ancêtres produisait tout ce qu'elle consommait et n'échangeait rien avec qui que ce soit. Sa production se limitait à un petit nombre de biens destinés à satisfaire des besoins élémentaires comme la nourriture et la protection contre les intempéries. La liste des tâches à exécuter était assez courte ; le rôle de chacun était fixé par la coutume et l'autorité du chef, de même que la répartition des fruits de la chasse et de la cueillette.

Les problèmes centraux de la vie économique – que produire, comment produire, qui fait quoi, comment répartir ce qui est produit – étaient résolus sans faire appel aux mécanismes du marché ni à l'intermédiaire de la monnaie. Il y avait peu de tâches et de biens différents. Chacun connaissait les possibilités et les goûts de chacun, et se souvenait de ses actes passés. En cas de manquement aux règles du groupe, la sanction pouvait être immédiate et indiscutable. En revanche, entre membres de groupes différents régnait le plus souvent la plus extrême méfiance, voire l'hostilité systématique. Si d'aventure deux groupes coopéraient et échangeaient, c'était dans la plus grande méfiance et en se limitant au superflu.

Cette forme primitive de comportement social est très profondément ancrée dans notre espèce et reste vivace aujourd'hui dans toutes les sociétés. C'est ce qu'on appelle une structure de clan : à l'intérieur du groupe, une grande solidarité accompagnée d'un contrôle social très strict allant jusqu'à une véritable tyrannie de la part du ou des chefs, et assurant une conformité absolue aux valeurs, aux mœurs et aux rites du clan ; envers les autres groupes, une méfiance et un mépris qui peuvent aller jusqu'à l'hostilité, au rejet violent et à la guerre systématique.

Cette forme d'organisation sociale, où n'interviennent ni la monnaie, ni le marché, a dominé toute l'histoire de l'humanité. Elle est encore omniprésente dans les sociétés primitives et les pays peu développés. C'était le cas de la famille de pionniers au Far West ; c'est encore le cas d'innombrables villages ou tribus en Afrique, en Asie, en Amérique du Sud ou en Océanie. Nos sociétés féodales ont utilisé et utilisent encore un modèle voisin de forme pyramidale : le chef de famille règle les relations internes à la famille, le chef de tribu ou le seigneur les relations entre familles, le suzerain les relations entre seigneurs subalternes, et le roi les relations entre grands seigneurs, sans que le marché intervienne à un quelconque niveau.

Mais tout au long de l'évolution de l'humanité, les individus qui composaient certains de ces groupes ont du progressivement apprendre à tolérer ceux des autres groupes, puis à échanger avec eux, puis à coopérer et enfin à fusionner. Telle est la substance fondamentale de la philosophie qu'on peut appeler humaniste, individualiste ou libérale : accepter et respecter chaque être humain concret en tant que tel, et non en tant que membre de tel ou tel groupe, ni en exigeant de lui qu'il fasse allégeance à telle ou telle communauté.

C'est là encore une évolution lente et difficile qui se heurte à d'innombrables réticences, car chaque étape de ce mouvement est contraire aux instincts établis. Surmonter ces instincts nécessite un effort de raison et l'adoption de principes nouveaux en conflit avec les principes existants. Les premiers qui auront des relations amicales avec des personnes extérieures au clan seront généralement dénoncés et persécutés comme traîtres ou hérétiques. Encore aujourd'hui, ce système clanique domine la majorité de l'humanité, et reste très présent même dans les sociétés les plus évoluées. C'est ainsi que fonctionnent les bandes d'adolescents, les mafias, les sectes, les nationalismes étroits et bien des religions. Il y a même des nostalgiques pour regretter cette forme d'organisation et les valeurs qui la sous-tendent, et nous les proposer comme un idéal.

L'apparition de formes plus complexes de répartition des tâches et d'organisation des échanges va de pair avec l'augmentation de la taille du groupe et du nombre des produits différents, et avec la complexité croissante du système de production qui résulte de l'innovation. Il arrive un moment où la gestion d'un système de relations sociales de plus en plus complexe dépasse la capacité des chefs coutumiers. Alors, ou bien l'innovation et le progrès doivent s'arrêter, ou bien les hommes doivent inventer de nouvelles formes d'organisation.

L'usage de la monnaie et l'importance relative du marché par rapport aux autres moyens de coordination sont des inventions relativement récentes, qui se sont répandues et généralisées plus ou moins vite et plus ou moins largement. L'invention de la monnaie métallique remonte au 7e siècle avant Jésus-Christ, mais l'économie dite « de marché » n'a pris son essor qu'en Europe de l'Ouest et au dix-neuvième siècle, même si des formes plus primitives étaient apparues avant et ailleurs. Ses mécanismes ont pour fonction de permettre à une multitude de personnes de coopérer en se répartissant les tâches et en échangeant un nombre gigantesque de produits, sans avoir besoin pour cela d'un lien direct entre elles.

Les sociétés les plus évoluées sont ainsi formées de groupes qui se sont progressivement agglomérés et liés les uns aux autres par des relations d'échange puis de coopération, sans d'ailleurs que les groupes plus anciens disparaissent. En même temps sont apparus et continuent à apparaître et à disparaître de nouveaux groupes comme les entreprises et les associations.

Développement et coopération internationale

Dans notre monde contemporain coexistent un grand nombre de groupes sociaux, correspondant approximativement à des États, qui ont longtemps évolué de façon totalement indépendante en s'ignorant mutuellement. Peut-on dire que ces sociétés se trouvent à des étapes différentes d'une seule et même route vers la prospérité ?

Nous avons vu que la plus grande prospérité matérielle est le résultat de l'invention, de la division du travail et de l'échange. Donc, si on s'en tient aux grandes lignes, il n'y a probablement pas d'autre chemin vers la prospérité que celui qu'ont suivi les groupes les plus développés. Plus prosaïquement, s'il existe d'autres voies pour avancer, personne ne les a encore trouvées.

On peut objecter qu'il y a d'autres buts et d'autres valeurs que la prospérité matérielle, mais c'est un fait que, quel que soit leur niveau de consommation actuel, les gens aspirent à atteindre un niveau supérieur, quoi que puissent en dire les moralistes. Laissons donc les philosophes spéculer et les prêcheurs prêcher. Ceux qui veulent vraiment répondre aux demandes de l'humanité n'ont rien de mieux à faire que de s'engager résolument sur la voie qu'ont parcourue les sociétés occidentales les plus avancées.

Dans cet effort de rattrapage, les sociétés moins avancées ont au moins deux atouts, à condition qu'elles sachent les jouer. Premièrement, des trois ingrédients de base du progrès économique, l'invention, la division du travail et l'échange, le premier leur est donné. Les technologies ne sont plus à inventer. Ces sociétés peuvent faire l'économie de la phase d'invention et d'expérimentation en adoptant les innovations qui ont fait leurs preuves chez les autres, les innovations sociales et institutionnelles comme les innovations technologiques. L'ensemble du processus se résume à l'adoption.

Le deuxième raccourci que peuvent emprunter les sociétés en développement concerne les investissements. Pour expérimenter et construire leurs nouveaux outils, les sociétés pionnières n'ont pas eu d'autre possibilité que de prélever sur leur production quotidienne, ce qui a considérablement limité le rythme d'innovation et de constitution de capital. Dorénavant, ces outils existent. Les sociétés en développement peuvent donc se les faire prêter et en disposer immédiatement pour atteindre rapidement la productivité accrue qu'ils permettent.

Mais une société moins avancée est au départ bloquée par définition. Dans un passé plus ou moins lointain, ses structures sociales ont réussi à étouffer sinon l'invention, du moins l'adoption généralisée des innovations, et se sont perpétuées avec l'appui des croyances populaires. Ces structures vont continuer à s'opposer à l'adoption des innovations, surtout celles qui portent sur l'organisation sociale – liberté individuelle, libre échange, propriété privée, formation de capital, etc. – qui sont cependant la condition de tout progrès.

Pour cela, les pouvoirs temporels ou spirituels en place vont souvent tirer argument de l'écart même qu'il faudrait combler, en présentant la situation des groupes plus avancés comme une injustice ou un privilège injustifié, voire comme obtenu au détriment des groupes moins avancés. Ils vont répandre une détestation des sociétés avancées qui se traduira par un refus des innovations qui leur permettraient de s'en rapprocher. Pourtant il est bien évident que les différences qui existent au moment où deux groupes se rencontrent résultent de l'histoire séparée de chacun, et non d'interactions qui n'ont pas eu lieu. A aucun moment ces groupes n'ont été plus riches qu'aujourd'hui pour s'être ensuite appauvris. Ils se sont simplement arrêtés en route, soit qu'ils vivent dans un environnement naturel moins favorable, soit que leurs structures sociales soient plus contraignantes.

Le développement des sociétés avancées ne résulte que de leur propre action, et en aucune façon de l'« exploitation » des sociétés moins avancées. Bien au contraire, coloniser ou conquérir d'autres peuples a toujours coûté beaucoup plus aux colonisateurs et aux conquérants que ça leur a apporté. Même si certains individus en ont bénéficié, leurs concitoyens ont payé cher pour les y aider. Au total, les pays conquérants et colonialistes y ont lourdement perdu. Du point de vue économique, le colonialisme et les guerres sont de monstrueuses erreurs[15].

Même si les sociétés moins avancées brisent leur situation de blocage, surmontent leurs ressentiments et rompent avec leurs traditions, le chemin reste long. Le processus de rattrapage prend nécessairement du temps, car il faut repasser par les mêmes étapes et transformer en profondeur la société. Le processus d'adoption concerne l'ensemble de la population. Personne ne peut adopter les innovations à sa place.

Une société où les neuf dixièmes de la population peinent à survivre de maigres cultures reste une société primitive, même si quelques milliardaires possèdent des ordinateurs et l'armée des hélicoptères de combat. Elle ne deviendra une société moderne que lorsque les famines et les épidémies auront disparu, quand les agriculteurs seront peut-être devenus une minorité, mais utiliseront tous des tracteurs et nourriront largement toute la population. De même, une

---

15

      Et de tous les autres points de vue d'ailleurs, mais nous ne parlons ici que d'économie

société où les trois-quarts des gens ne savent ni lire ni écrire est une société illettrée, même si elle compte deux ou trois merveilleux poètes. Le niveau d'une société se mesure aux conditions de vie de la masse de la population et non de quelques minoritaires.

Le chemin que les pays les plus avancés ont parcouru en cinq siècles, ceux qui ont pris cinq siècles de retard ne peuvent pas le parcourir en quelques années, même s'ils font l'économie des tâtonnements et des fausses pistes. De plus, ne suffit pas de rattraper les pays avancés, il faut aussi se mettre en situation de continuer à avancer au même rythme qu'eux, cette fois de façon autonome. Il faut donc, à chaque pas, s'équiper avec les outils et les modes d'organisation qui rendent durable ce pas particulier vers le progrès.

Bien évidemment, les outils qui incarnent ces investissements doivent aller d'abord à ce dont cette société manque le plus, c'est-à-dire à la satisfaction de ses besoins les plus élémentaires, ce qui la fera entrer dans le même cycle vertueux que les sociétés plus avancées ont parcouru avant elle : agriculture, hygiène, eau potable, scolarisation, et à peu près dans le même ordre que dans les sociétés plus avancées. Il n'y a probablement pas de voie vers le développement qui ne commence par l'autosuffisance alimentaire.

Autrement dit, une société en voie de développement ne doit pas chercher à singer les sociétés les plus avancées dans leur état actuel, mais les imiter dans ce qu'elles ont fait quand elles étaient dans l'état où elle-même est actuellement. Malgré le désir que peuvent en avoir ses élites occidentalisées, c'est probablement une erreur de viser d'emblée une industrialisation à l'occidentale. Une société qui est dans l'état où l'Europe était en 1700 doit commencer par faire, si possible en une ou deux générations, ce que nos ancêtres ont fait au dix-huitième siècle et non chercher à passer directement au vingt et unième.

On peut donc penser qu'il est plus sage de s'inspirer plutôt des sociétés juste un peu plus avancées que de celles qui sont à la pointe du progrès, que les outils les plus utiles sont ceux que les sociétés avancées ont depuis longtemps et en abondance, donc des outils pas chers, ou encore que le microcrédit consenti aux paysans et aux artisans est infiniment plus efficace que les grands investissements industriels.

Ces actions sont d'ailleurs sans doute celles que choisiraient les gens s'ils étaient livrés à eux-mêmes, à condition que l'occasion leur en soit donnée et que les élites locales jouent le rôle de facilitateurs en aidant les individus à faire ce qu'eux-mêmes jugent bon pour eux, au lieu de s'ériger soit en gardiens des traditions séculaires, soit en tyrans d'une modernisation à marches forcées.

La mondialisation est le prolongement naturel de l'évolution générale des économies primitives autarciques vers des sociétés d'interdépendance et de coopération. Éliminer les douanes est aussi naturel que jadis éliminer les octrois à l'entrée des villes. L'évolution économique « naturelle » tend à réduire le rôle des États, voire à les éliminer. Le progrès « occidental » implique l'émancipation des individus par rapport aux églises dans le domaine moral, par rapport aux États dans le domaine économique.

Résumé

Les sources de notre prospérité sont d'une part la division du travail et l'échange, c'est-à-dire l'organisation économique de la société, et d'autre part l'utilisation d'outils et de formes de coopération efficaces. Le progrès est le perfectionnement continuel de ces outils et de ces formes d'organisation.

Chaque étape du progrès, qu'il soit technologique ou social, demande deux phases : l'innovation et l'adoption. L'innovation est l'activité solitaire d'un individu ou d'un petit nombre, qui se déroule le plus souvent à l'écart du groupe social voire contre lui. La phase d'adoption est la phase cruciale, celle qui touche vraiment le groupe et peut lui permettre de progresser. Mais c'est aussi celle où se manifestent les résistances de ceux qui sont attachés à l'ordre établi et aux façons de faire traditionnelles.

Le progrès n'est possible que dans des groupes humains qui non seulement acceptent un certain niveau de liberté individuelle tout en restant suffisamment solidaires, mais aussi qui pratiquent l'investissement, l'accumulation de capital, la division du travail et l'échange. L'obstacle principal au progrès d'un groupe est formé par ses institutions politiques et religieuses, et par les pouvoirs établis.

La voie la plus sûre vers le développement est de suivre étape par étape la voie qu'ont parcourue les sociétés les plus avancées. Dans cet effort de rattrapage, les sociétés moins avancées peuvent faire l'économie de la phase d'invention et d'expérimentation en adoptant les innovations technologiques, sociales et institutionnelles qui ont fait leurs preuves chez les autres. Elles peuvent également se faire prêter les outils du développement pour en disposer immédiatement.

Même s'il se résume à la phase d'adoption, le processus de rattrapage prend nécessairement du temps, car il faut repasser par les mêmes étapes et transformer en profondeur la société. A ce mouvement s'opposent les structures sociales existantes, les traditions et le poids des pouvoirs en place.

La mondialisation est le prolongement naturel de l'évolution générale depuis les économies primitives autarciques vers des sociétés d'interdépendance et de coopération. Éliminer les douanes est aussi naturel que jadis éliminer les octrois. L'évolution économique « naturelle » tend à réduire le rôle des États, voire à les éliminer. Le progrès implique l'émancipation des individus par rapport aux églises dans le domaine moral et par rapport aux États dans le domaine économique.

Chapitre 8
La science économique

Ce que nous avons vu jusqu'ici ne prétend aucunement constituer une théorie économique. Ce ne sont que des faits, établis par la simple observation, et prolongés par une réflexion élémentaire qui ne fait appel qu'au bon sens. Nous n'avons fait que décrire la réalité et commencer à l'expliquer.

On peut penser que c'est ce que font aussi les économistes. Mais eux cherchent à aller plus loin : découvrir des lois générales qui permettraient de prévoir toutes les conséquences des actes économiques, et devenir capables de prescrire aux gouvernements leur conduite. Pour cela, ils développent des théories très savantes en utilisant un arsenal mathématique sophistiqué.

Et pourtant, on les dit incapables de prévoir quoi que ce soit. Certains disent même que les économistes perdent leur temps et qu'ils nous trompent en recherchant de prétendues « lois de l'économie » qui n'existent pas. A l'inverse, d'autres se reposent sur eux pour définir des politiques qui marcheraient à tout coup.

L'économie peut-elle satisfaire toutes ces demandes ? Est-ce une science comme les autres ? Existe-t-il des lois économiques comme il existe des lois physiques ? Comment pouvons-nous les découvrir et vérifier leur validité ? En quoi sont-elles utiles ? Que peut-on attendre des économistes ? Une telle réflexion sur la science elle-même est ce qu'on appelle l'épistémologie, la philosophie de la connaissance. C'est un sujet particulièrement difficile car très abstrait, mais que je vais m'efforcer de rendre simple en me situant à un niveau tout aussi élémentaire que notre étude de l'économie l'a été jusqu'ici, et sans craindre de peindre de l'économie une image très différente de son image habituelle.

La prévision en économie

Rappelons-nous Yolande, au chapitre 5, qui n'avait pas réussi à vendre ses choux. Constatant alors que, la veille, les choux s'étaient vendus 2,5 euros pièce alors qu'elle en demandait 3 euros, elle avait pensé tout à fait logiquement qu'en proposant ses choux à 2 euros, elle était sûre de les vendre. Et pourtant, au marché du lendemain, elle était encore repartie bredouille.

Elle s'était rejoué le film de l'épisode précédent en changeant un seul détail au scénario : son propre prix de vente. Avec ces hypothèses, elle était sûre de vendre son chou. Mais ce scénario était purement imaginaire : il ne s'était évidemment pas produit, et il était tout à fait invraisemblable qu'il se produise à l'épisode suivant, car les partenaires de Yolande allaient certainement prendre des décisions différentes. Mais Yolande ne pouvait pas en prévoir le détail, car ces décisions étaient prises de façon autonome par d'autres qu'elle.

De plus, nos amis auraient pu se rencontrer dans un ordre différent, et le résultat aurait alors évidemment été différent. Avec la même situation de départ et les mêmes intentions, on peut même imaginer un scénario tout à fait plausible où les gens se seraient rencontrés dans le mauvais ordre et se seraient vite lassés de chercher, et où aucun échange ne se serait produit.

Dans un cas aussi simple que celui-ci, Yolande aurait peut-être pu envisager chacune des actions possibles de ses collègues et clients, et chacun des ordres de rencontre possibles, et prévoir les conséquences de chaque combinaison de ces hypothèses. Un de ces cas aurait été le bon, mais ça ne l'aurait pas beaucoup avancée car de toute façon elle ne pouvait pas savoir lequel. Elle ne pouvait pas être sûre de ce qui allait se passer avant que ça se passe réellement.

D'une façon générale, les évènements qui constituent la vie économique sont le résultat des actions des êtres humains, dont chacun décide de façon indépendante. De plus, il y entre une grande part de hasard. Ces évènements ne peuvent donc pas être prévus de façon certaine et exacte. Tout ce qui détermine les échanges et les prix change d'un moment à l'autre. On peut dans une certaine mesure prévoir l'effet de chaque changement pris isolément, mais le résultat intégré de l'ensemble des changements réels est différent de ce que chacun des acteurs aurait pu prévoir de son côté.

Yolande voulait faire de la théorie économique sans être économiste. Mais les économistes ne sont pas mieux lotis. S'ils veulent étudier des situations réelles, il leur est impossible de débrouiller l'écheveau des causes qui les ont produites et des effets qu'elles auront. Pour étudier l'effet de chaque changement pris isolément, ils doivent supposer que rien d'autre ne change, c'est à dire comparer par la pensée des situations imaginaires qu'il est impossible d'observer. C'est ce qu'on appelle raisonner « toutes choses égales par ailleurs », *ceteris paribus*, comme disent les économistes en latin.

En résumé, quel que soit son degré d'avancement et les méthodes qu'utilise l'économie, elle ne peut faire de prévisions que pour des situations imaginaires simplifiées. Elle ne peut pas prévoir les situations réelles de façon exacte et certaine. Le mieux qu'elle puisse espérer faire, c'est les expliquer après coup, a posteriori. Cette limitation de l'économie découle inéluctablement du fait que sa substance est l'action humaine.

L'économie et les sciences physiques

Quelles sont les relations entre l'économie et les autres sciences ? Partons d'une question simple : que se passe t'il si je me présente au marché avec une brouette de choux surmontée d'un écriteau où j'ai écrit : 1 chou pour 1 euro ?

Mon action a d'abord des effets physiques : les gens me voient, avec ma brouette et mon écriteau. Jusque là, il n'est pas question d'économie. Mais certaines personnes prennent conscience que quelque chose a changé : il y a beaucoup plus de choux à vendre qu'hier, et je les offre pour moins cher. Là encore, les mécanismes physiques et biologiques qui leur permettent de percevoir cette nouvelle situation n'entrent pas dans le domaine de l'économie.

Certains vont alors se souvenir qu'ils ont faim. Voyant des choux bon marché, ils vont imaginer une façon de satisfaire leurs désirs dans cet environnement : m'acheter des choux. De nouveau, ce qui se passe dans leur tête n'est pas le sujet de la théorie économique, mais des diverses branches de la psychologie.

Certains vont donc agir et m'acheter des choux. A leur tour, leurs actions ont des effets physiques : ils me donnent de la monnaie et je leur donne des choux en échange, ce qui fait qu'il y a moins de choux dans ma brouette et plus dans leurs sacs, plus de monnaie dans ma poche et moins dans la leur.

Dans cette nouvelle situation, je peux décider d'augmenter un peu mon prix. Mes concurrents peuvent décider de baisser le leur. Je peux décider de fermer mon étal pour aller boire une bière avec l'argent que j'ai gagné. D'autres clients se présenteront. La réalité de la situation évoluera ainsi de façon permanente. Il en sera de même des perceptions qu'en auront les différents intervenants, et probablement de leurs désirs, qui les pousseront à agir de nouveau, ce qui entraînera de nouveaux effets, et ainsi à l'infini.

Ma décision initiale aura ainsi de nombreux effets, qui résultent à la fois de phénomènes physiques et des actions de mes semblables. Si je veux comprendre les effets physiques, je vais m'adresser à des disciplines qui forment les sciences de la nature : la biologie, la botanique, l'agronomie, la météorologie. De même, pour comprendre ce qui se passe dans l'esprit de chacun, ses perceptions, ses jugements et ses actes, je vais me tourner vers d'autres disciplines qui forment les sciences humaines : la psychologie, la sociologie, etc.

Mais tout cela ne me dira pas pourquoi on me propose d'échanger exactement cinq choux contre exactement deux saucisses, ni pourquoi Bernard doit payer deux euros pour avoir un chou, ni pourquoi Yolande ne peut pas vendre ses choux plus de 2 euros. C'est justement l'objet propre de la discipline économique d'étudier comment se déterminent les rapports d'échange mutuels (les prix en économie monétaire) et indirectement les quantités échangées et les quantités produites, qui résultent des actions, des réactions et des interactions des êtres humains.

Cette définition rejoint une définition courante de l'économie comme « la science des richesses ». En effet, les « richesses » ne sont rien d'autre que les moyens qu'ont les êtres humains de satisfaire leurs désirs. L'économie vise à comprendre comment les actions des humains et leurs effets se combinent pour présenter (ou non) à chacun des moyens de satisfaire ses désirs, lui dire à quoi il doit renoncer pour les obtenir, et dans quelle mesure ce qu'il fait aide ses semblables à satisfaire leurs propres désirs. C'est par définition une science sociale, car elle concerne les interactions des êtres humains en société.

L'économie complète ainsi les autres sciences sans se substituer à elles. Les économistes doivent accepter les lois physiques et biologiques telles que les ont établies leurs collègues des autres disciplines, et ne doivent pas s'inventer d'autres lois qui les arrangeraient mieux. De même, s'ils veulent que leurs conclusions aient un intérêt concret, ils doivent accepter les lois psychologiques telles que les ont établies leurs collègues des autres sciences humaines, et ne pas s'inventer un autre modèle de l'homme qui les arrangerait mieux, comme par exemple le célèbre *homo economicus*.

La nature des lois économiques

Existe-t-il des lois économiques comme il existe des lois physiques ?

Les lois du monde physique, comme celles de la gravitation universelle, de la chimie ou de la thermodynamique, sont indépendantes de la volonté et de l'action des hommes. Ce sont des relations constantes entre certains attributs du monde réel. Elles existaient avant nous et seront toujours les mêmes après nous. Les scientifiques les découvrent, ils ne les inventent pas.

Un grand nombre d'attributs des choses du monde physique sont mesurables, c'est-à-dire qu'ils peuvent être exprimés sous la forme d'un certain nombre d'unités définies une fois pour toutes : le mètre, la seconde, le gramme, etc. Il existe de même des unités pour les couleurs, les sons, etc.

Ces valeurs peuvent faire l'objet d'opérations arithmétiques. On peut additionner des distances, des temps, des masses, calculer des surfaces, des volumes, des vitesses, etc. Les lois physiques peuvent généralement s'exprimer de façon quantitative sous forme de relations numériques, et peuvent servir de support à des prévisions certaines.

Il n'en va pas de même en économie. D'abord, le sujet même de l'économie, ce sont les désirs et la satisfaction des êtres humains. Or, comme nous l'avons vu dès le premier chapitre, ni ces désirs ni leur satisfaction ne sont mesurables. On ne peut pas les exprimer sous forme d'une certaine quantité d'un désir ou d'une satisfaction élémentaire qu'on pourrait prendre comme unité, et on ne peut pas non plus concevoir un instrument de mesure du désir ou de la satisfaction.

Le désir et la satisfaction, et par conséquent ce que les économistes appellent la valeur, ne peuvent ni se représenter par des nombres, ni entrer dans des formules arithmétiques. Il en résulte que les lois de l'économie, s'il en existe, ne peuvent pas être exprimées sous forme quantitative et numérique. Elles ne peuvent être que qualitatives.

De plus, la substance des phénomènes économiques est l'action des êtres humains. Leurs lois, s'il en existe, doivent décrire les conséquences de l'action des êtres humains pour les autres êtres humains, autres que leurs conséquences purement physiques et biologiques. Or ni les comportements humains individuels, ni le détail de leurs interactions ne sont jamais totalement prévisibles. Chaque action d'un être humain peut provoquer une multitude de réactions des autres humains, dont la résultante est l'effet de l'action initiale.

Puisque ces réactions ne peuvent en aucun cas être prévues avec certitude et précision, les lois de l'économie ne peuvent fournir que des prévisions approximatives. Ce n'est pas une imperfection de la science économique, que ses progrès permettraient de corriger, mais une conséquence inéluctable de la nature même des phénomènes qu'elle étudie.

Certains prétendent même qu'il n'existe pas de lois immuables en économie. Ils disent que puisque les lois économiques sont celles du comportement humain et que les hommes peuvent changer de comportement, les lois économiques sont ce que les hommes veulent qu'elles soient, et qu'il n'existe pas de lois auxquelles leurs actions doivent nécessairement se plier. Il leur suffirait de vouloir, et ils atteindraient toujours le résultat qu'ils visent. On prête souvent une telle omniscience et une telle omnipotence aux gouvernements.

Chacun de nous sait par expérience personnelle qu'il n'en est pas ainsi : beaucoup de phénomènes économiques nous échappent et résistent à tous nos efforts pour les changer. Mais on peut penser que c'est par ignorance des lois de l'économie, et que d'autres, plus éclairés, atteindraient toujours les buts qu'ils visent.

Cette position elle-même est incohérente. S'il n'y avait pas de lois générales immuables, les effets de nos actions seraient purement dus au hasard et ni nous ni les gouvernements ne pourrions savoir comment agir pour atteindre un quelconque but.

Que sont donc ces lois de l'économie ? Prenons une constatation très simple, qu'on peut appeler une « loi » : entre deux biens identiques en tout sauf le prix, les êtres humains choisissent généralement le moins cher. Elle peut sembler évidente et anodine, surtout formulée avec la précaution « généralement » qui admet d'avance les exceptions. Mais elle n'en peut pas moins avoir des conséquences dramatiques.

Par exemple : mon exploitation agricole a prospéré et emploie maintenant dix personnes, quand un concurrent trouve le moyen de vendre les mêmes choux moitié moins cher que moi. Conséquence de la « loi » précédente : plus personne ne m'achète de choux. Mon entreprise fait faillite, et dix personnes se retrouvent au chômage.

Peut-on faire en sorte que les gens continuent à acheter mes choux bien qu'ils soient maintenant deux fois plus chers que les autres ? Quelques-uns de mes amis peuvent le décider. Des gens bien intentionnés réussiront peut-être à convaincre quelques personnes pendant un certain temps. Il y aura au mieux une exception temporaire en ma faveur, mais ça ne changera pas la loi fondamentale : « entre deux biens identiques en tout sauf le prix, on choisit le moins cher ». Il n'est pas pensable que toute une population se mette à choisir systématiquement le plus cher de deux biens identiques par ailleurs. Un tel comportement serait contre nature et ne peut être durablement imposé que par la force. Celui qui persiste à vendre plus cher la même chose que ses concurrents finira nécessairement par être éliminé du marché.

Les relations entre les phénomènes économiques – les lois de l'économie – résultent bien de l'action des êtres humains, mais échappent à la volonté de chacun d'entre eux pris isolément, et même à celle de tout groupe organisé, même s'il s'appelle gouvernement. Contrairement aux lois physiques, leur origine est dans l'action des êtres humains. Mais comme les lois physiques, aucun être humain n'a le pouvoir de les changer. Il existe bien une réalité économique indépendante des observateurs.

Les phénomènes économiques se produisent indépendamment de l'activité des économistes et du développement des théories économiques, au grand désespoir des politiques et des économistes qui les assistent. La production, les échanges et la consommation fonctionneraient de la même façon s'il n'y avait pas d'économistes pour en parler, de la même façon que les hommes et les grenouilles seraient les mêmes sans les biologistes et les météorologistes.

Il faut se garder de deux erreurs symétriques : l'une de croire que les phénomènes économiques sont totalement déterminés par des lois immuables et ne doivent rien au libre arbitre des acteurs, l'autre de croire que les décisions des acteurs entraîneront toujours les conséquences qu'ils souhaitent, sans que les conséquences de leurs actes soit soumises à des lois nécessaires indépendantes de leur volonté.

Les méthodes de l'économie

S'il existe des lois économiques, comment pouvons-nous les connaître ? D'abord parce que nous sommes à leur origine. La cause ultime de tous les phénomènes économiques, c'est nos propres actions. Comme nous sommes des êtres conscients, nous pouvons les constater directement. Et comme nous avons la chance d'être doués d'une faculté qu'on appelle la raison, nous pouvons dans une certaine mesure les analyser, les comprendre, et identifier certaines de leurs conséquences. C'est ce que nous avons tenté de faire dans les chapitres précédents.

L'économie se distingue donc fondamentalement des sciences physiques, qui cherchent à expliquer ce qui se passe dans l'univers quand l'homme n'intervient pas, alors que l'économie s'intéresse aux conséquences pour les êtres humains des actions des êtres humains. La cause ultime des phénomènes économiques est en nous, et pas au cœur des atomes ou des étoiles lointaines. Contrairement aux phénomènes physiques, nous pouvons appréhender directement les causes ultimes des phénomènes économiques aussi bien que leurs effets.

A l'opposé, certaines méthodes des sciences physiques ne peuvent pas être utilisées en économie. Newton voit tomber une pomme et imagine ce que pourrait être la loi de la gravitation universelle. Il invente une formule qui permettrait de calculer le temps que met un objet pour tomber d'une hauteur donnée. Pour la vérifier, on peut monter des expériences, par exemple laisser tomber de différentes hauteurs des objets dont on connaît la masse, et mesurer les temps de chute. Si chacun des temps mesurés est bien celui qui a été calculé, on admet que la loi est exacte.

Mais une feuille de papier tombe moins vite qu'une bille d'acier de même poids : la loi semble « réfutée ». Un autre physicien va alors supposer que cette différence est due à l'effet de l'air ambiant, imaginer une loi de la résistance de l'air et tenter de la vérifier par des expériences dans des conditions où la pesanteur n'intervient pas, par exemple dans des déplacements horizontaux. D'un autre côté, on va vérifier la loi de la gravitation universelle dans le vide. On a ainsi validé séparément la loi de la gravitation et la loi de la résistance de l'air.

Avec ces deux lois, on peut maintenant calculer la chute d'un corps dans n'importe quel milieu, puis vérifier expérimentalement que les mesures de la chute de corps réels dans divers milieux réels donnent les mêmes résultats que ces calculs. On ne voit pas directement l'attraction universelle ni le frottement de l'air ; nous ne connaissons pas les « causes ultimes » des phénomènes que nous observons. Les lois correspondantes ne sont que des hypothèses, mais on admet qu'elles sont exactes tant que les mesures effectuées sur les phénomènes réels correspondent aux prévisions déduites de ces lois.

Cette méthode « hypothético-déductive » est la méthode reine des sciences physiques. Elle consiste à imaginer des faits simples qui, s'ils sont vrais, peuvent servir d'explication à un grand nombre de faits observés, puis à déduire de ces hypothèses un certain nombre de conclusions non encore observées mais qui peuvent être soumises au verdict de l'expérience. Si ces nouvelles conclusions encore hypothétiques sont vérifiées par l'expérience, on considère les hypothèses d'origine comme vraies, du moins tant que de nouvelles expériences ne les invalident pas en prouvant que certaines nouvelles conclusions qu'on peut en tirer sont contraires aux faits observés.

Cette méthode de travail ne convient pas à l'économie, car l'expérimentation y est à peu près impossible. Puisque la matière même qu'étudie la discipline est l'interaction entre un très grand nombre d'êtres humains, on ne peut pas isoler une société expérimentale et y faire varier certains paramètres de façon contrôlée pour mesurer les conséquences. D'ailleurs, les actions dont on voudrait mesurer les conséquences mettraient en jeu le bien-être et même la vie d'êtres humains de façon a priori imprévisible. On ne peut même pas, comme en biologie, expérimenter partiellement sur des animaux.

De toute façon, la même expérience, répétée de façon aussi identique que possible, donnerait vraisemblablement des résultats différents : ou bien elle porterait sur les mêmes individus, et leur comportement la deuxième fois serait différent de la première, ne serait-ce que parce qu'ils ont vécu cette première expérience et en tiendront compte consciemment ou inconsciemment. Ou bien elle porterait sur des individus différents, et il n'y a aucune raison pour que ceux du deuxième échantillon se comportent exactement comme les premiers.

On peut imaginer par la pensée un monde où les êtres humains ne changeraient jamais d'avis, et imaginer les lois économiques d'un tel monde, qui ne seraient d'ailleurs pas celles du nôtre. Mais on ne peut pas réunir pour des expériences un groupe d'hommes dont les préférences seraient immuables. On ne peut donc pas vérifier ces lois comme on vérifie celle de la gravitation universelle.

Les phénomènes réels que l'économie étudie sont d'une extrême complexité : comportements individuels largement imprévisibles, combinaisons complexes et partiellement dues au hasard. Nous ne disposons pas d'outils de raisonnement permettant de les prévoir avec la rigueur qu'on attend d'une science exacte.

Si nous voulons utiliser les outils scientifiques habituels, nous ne pouvons les appliquer qu'à des représentations simplifiées de cette réalité. Nous pouvons par exemple construire des modèles formalisés permettant un raisonnement rigoureux par des méthodes mathématiques, mais ces modèles ne peuvent être que des approximations simplifiées de la réalité. Et plus ils permettront un raisonnement rigoureux, moins ils seront réalistes.

Tout progrès vers la rigueur se paie d'une perte de réalisme. A une extrémité du spectre, nous restons fidèles à la réalité mais nous ne pouvons raisonner que de façon approximative, donc nos conclusions sont elles-mêmes approximatives. A l'autre extrémité, nous pouvons construire des raisonnements rigoureux mais qui concernent des mondes et des situations imaginaires irréalistes : si nous voulons les appliquer à la réalité, nos conclusions sont encore approximatives. Tout ce qu'on gagne en rigueur, on le perd en pertinence.

Depuis le début du vingtième siècle, l'immense majorité des économistes contemporains privilégient la rigueur du raisonnement et s'accommodent de modèles fictifs. Ils croient que la rigueur du raisonnement garantit la validité des conclusions. Beaucoup se détournent avec horreur de l'observation de la réalité, et n'ont que mépris pour ceux qui leur rappellent que, de toute façon, l'économie ne peut être qu'une science approximative et préfèrent rester au plus près de la réalité en renonçant à utiliser l'outil mathématique, comme le fait cet ouvrage.

Microéconomie et macroéconomie

L'économiste peut-il au moins tirer de l'observation de la réalité des lois générales qui synthétisent de façon statistique les innombrables actions des hommes ? Qu'aurait-il vu en observant les échanges précédents et le raisonnement de Yolande ? D'abord que 2 choux ont été vendus à un prix moyen de 2,5 euros, que Yolande a imaginé une situation où 3 choux sont vendus au prix moyen de (2,5+2,5+2)/3=2,33 euros, et que le jour suivant 4 choux ont été vendus pour 2 euros pièce.

Notre économiste en tirerait une « loi » bien connue : quand les prix baissent, les quantités vendues augmentent. De la même façon, il pourrait observer des relations apparentes entre le taux d'inflation et le taux de chômage, ou entre le niveau général des salaires et l'épargne totale, entre les taux d'intérêt et l'investissement, etc. L'identification et l'étude de telles relations entre des grandeurs économiques agrégées, dites macroscopiques, est ce qu'on appelle la macro-économie, par opposition à la micro-économie qui s'intéresse aux transactions élémentaires entre les agents pris individuellement. Pour identifier de telles relations fonctionnelles, les économistes utilisent une panoplie d'outils mathématiques qui constituent l'économétrie.

Mais que signifient exactement ces relations ? La loi dit-elle vraiment : « quand les prix baissent, les quantités vendues augmentent ? » Ne serait-ce pas plutôt : « quand les quantités augmentent, les prix baissent ? » S'il s'en tient à ce qu'il a vu, notre économiste ne peut pas savoir ce qui est la cause et ce qui est l'effet. Il a établi (ou cru établir) une relation dite « fonctionnelle » – ces deux choses ont une relation entre elles – et non une relation causale – cet évènement entraîne cet autre évènement.

Sur la base de notre observation, pouvons-nous affirmer que la relation que nous avons cru découvrir entre les prix et les quantités vendues est une loi générale ? Non : on peut le constater mille fois, ça ne garantit pas qu'on le constatera encore la mille et unième fois, même si c'est en effet probable. Ça ne nous dit pas non plus quelle est la cause et quel est l'effet. Ce constat n'est que le tout début de la démarche scientifique, dont l'essentiel consiste à rechercher s'il existe des relations causales qui lient deux grandeurs entre elles, ou plus généralement deux phénomènes entre eux.

Dans quelque science que ce soit, expliquer un phénomène consiste à le rattacher de façon logique à ses vraies causes. En économie, une explication n'est satisfaisante que si elle rattache les phénomènes à leurs causes réelles qui sont les actions individuelles des êtres humains que nous sommes. C'est ce qu'on appelle la règle de l'« **individualisme méthodologique** », à ne pas confondre avec l'individualisme tout court, qui est une notion de nature psychologique ou morale.

De toute façon, ni le prix moyen, ni la quantité vendue, ni le taux d'inflation, le taux de chômage, le niveau général des salaires ou l'épargne totale, ne sont des variables sur lesquelles il est possible d'agir directement. Les prix et les quantités échangées, comme le taux d'inflation, le taux de chômage, le niveau général des salaires ou l'épargne totale sont ce qu'on appelle des phénomènes « émergents » qui résultent des actions et des interactions de multiples causes indépendantes : les perceptions, les décisions et les actions d'une foule d'individus.

L'un ne peut pas être la cause de l'autre : tous sont les effets d'actions individuelles. Il appartient à la science économique d'identifier ces actions et d'expliquer les relations causales qui font que ces actions produisent bien ces effets. L'essence même de la discipline économique est d'expliquer des faits sociaux à partir d'actions individuelles, qui sont elles-mêmes conditionnées par les faits sociaux. On ne peut pas concevoir la macro-économie et la micro-économie comme deux disciplines séparées, comme le prétendent les économistes contemporains. Toute l'économique est justement dans le passage du micro au macro, des actions individuelles aux phénomènes sociaux et vice versa.

Qu'attendre des économistes ?

Nous pouvons maintenant répondre aux questions posées au début de ce chapitre, en sachant plus exactement ce qu'est l'économie : une discipline qui vise à comprendre comment les actions des humains et leurs effets se combinent pour présenter à chacun les moyens de satisfaire ses désirs, moyens qu'on appelle des « richesses ».

Résumons ce que nous venons de voir. La substance de l'économie, c'est les actions et les réactions des êtres humains. Entre les causes d'un phénomène économique, qui sont faites d'actes humains, et ses effets qui sont des perceptions humaines, s'interposent d'innombrables actions d'innombrables êtres humains, qui ne sont jamais totalement prévisibles, ni identiques en toutes circonstances. Réciproquement, tout phénomène économique réel a une multitude de causes indépendantes qu'il est impossible d'identifier de façon exhaustive.

Entre une action et ses conséquences économiques concrètes, il n'y a pas de relations constantes qui puissent se traduire par des formules immuables, comme c'est le cas dans les sciences physiques. Les lois économiques sont des lois logiques et ne se prêtent pas à une formulation numérique. Elles permettent de prévoir la nature et le sens d'un effet, pas sa grandeur.

De plus, dans toutes les situations réelles, ces lois se combinent et peuvent se renforcer et se contrarier dans des proportions imprévisibles. Tous les faits économiques observables sont des faits historiques résultant de la conjonction d'une infinité de circonstances particulières qui ne sont ni contrôlables ni reproductibles.

Il est donc tout à fait injuste de reprocher aux économistes leurs erreurs de prévision. Le reproche qu'ils méritent vraiment, c'est de prétendre pouvoir faire des prévisions exactes. En réalité, il est impossible de prévoir de façon exacte et précise les situations à venir à partir de la situation actuelle. L'économie doit se borner à expliquer et à ne prévoir que des tendances générales.

L'économique doit être une science modeste, d'autant plus qu'elle concerne par définition le bien-être des hommes et la réalisation de leurs désirs, et qu'elle est sollicitée en permanence, en particulier par les politiques, pour prédire l'avenir ou prescrire des comportements ou des formes d'organisation sociale. Les économistes devraient résister à ces sollicitations, et se borner à dire : « telle action possible aura telles conséquences, et est donc plus ou moins cohérente avec tels objectifs », autrement dit « si vous visez tels objectifs, voici les actions qui vous en rapprochent et celles qui vous en éloignent ».

Leur contribution spécifique devrait être de décrire ces effets de façon impartiale et complète, en ne s'arrêtant pas aux effets immédiatement visibles (ce qu'on voit) mais en décrivant aussi les effets plus lointains (ce qu'on ne voit pas), et d'en informer non seulement les politiques, mais aussi tous les citoyens.

Résumé

L'économie est une science sociale, car elle concerne les interactions des êtres humains en société. Elle vise à expliquer des faits sociaux à partir d'actions individuelles, qui sont elles-mêmes conditionnées par les faits sociaux. On ne peut pas concevoir la macro-économie et la micro-économie comme deux disciplines séparées.

L'économie se distingue fondamentalement des sciences physiques, qui cherchent à expliquer ce qui se passe quand l'homme n'intervient pas. L'expérimentation y est à peu près impossible. On ne peut pas isoler une société expérimentale et y faire varier certains paramètres de façon contrôlée pour mesurer les conséquences. A l'inverse, nous pouvons appréhender directement les causes ultimes des phénomènes économiques aussi bien que leurs effets.

Entre une action et ses conséquences économiques interviennent d'innombrables actions d'innombrables êtres humains, qui ne sont jamais totalement prévisibles. Réciproquement, tout phénomène économique réel a une multitude de causes indépendantes qu'il est impossible d'identifier de façon exhaustive.

Quel que soit son degré d'avancement et les méthodes qu'utilise l'économie, elle ne peut pas prévoir les situations réelles de façon exacte et certaine : elle ne peut faire de prévisions que pour des situations imaginaires simplifiées. Tout progrès vers la rigueur se paie d'une perte de réalisme et donc de pertinence.

Les lois de l'économie sont bien un aspect des actions des êtres humains, mais qui échappe à la volonté de chacun d'entre eux pris isolément, et même à tout groupe organisé. Contrairement aux lois physiques, leur origine est dans l'action des êtres humains : mais comme les lois physiques, aucun être humain n'a le pouvoir de les changer. Il existe bien une réalité économique indépendante des observateurs.

Chapitre 9
L'évolution de la pensée économique

Dans tout ce que nous avons vu jusqu'ici, vous ne voyez sans doute que peu de points communs avec les débats auxquels vous assistez dans les journaux et à la télévision. Et si vous avez reçu une formation à l'économie au cours de vos études, vous n'y reconnaissez probablement pas ce que vos maîtres vous ont enseigné. En particulier, vous n'y trouvez pas les équations et les raisonnements mathématiques dont vos professeurs faisaient la substance de l'économie.

Parlons-nous vraiment de la même chose ? Des professeurs d'économie et de moi, qui est dans le vrai ? Suis-je exagérément simpliste et naïf ? Ou bien les savants développements des économistes contemporains ne sont-ils que des amusements superflus voire mensongers ? Pour tenter d'y voir clair, il faut passer par l'histoire des idées pour voir comment s'est formée la discipline qu'on appelle économie, et donc commencer à donner des noms et à citer des auteurs.

Cet historique schématique portera essentiellement sur les différentes conceptions de l'économie en tant que discipline : de quoi s'occupe-t-elle ? Quels sont ses objectifs ? Quelles doivent être ses méthodes ? Quelles sont ses limites ? Il n'y sera que peu question des positions que les économistes ont prises sur telle ou telle question concrète, théorique ou politique.

Le lecteur que les chapitres précédents ont satisfait, qui n'éprouve pas le besoin d'en réconcilier le contenu avec ce qu'il a entendu par ailleurs, et qui ne s'intéresse pas à l'histoire de la pensée économique, pourra sans dommage sauter ce chapitre.

Adam Smith et les classiques (1750 – 1850)

Il est courant de rythmer l'évolution de la discipline économique par trois grands évènements : sa naissance en 1776 avec Adam Smith, la « révolution marginaliste » des années 1871-1875 et la « révolution keynésienne » de 1936.

Adam Smith (1723-1790) est généralement considéré comme le père fondateur de l'économie avec ses *Recherches sur la nature et les causes de la richesse des nations* de 1776. Depuis l'antiquité grecque, de nombreux auteurs avaient abordé des questions de nature économique. Les religieux et les philosophes avaient médité sur la valeur des choses et sur la légitimité du prêt à intérêt, mais cette discipline nouvelle ne pouvait guère prendre son essor avant qu'une partie de l'humanité émerge d'une économie de subsistance et que les phénomènes de division du travail et d'échange commencent à prendre une place importante en même temps que se diversifient les biens et les activités

Au moment où écrit Smith, le monde est essentiellement rural et l'économie est principalement une économie de subsistance où chaque famille de paysans subvient à ses propres besoins. Le principal problème concret est d'éviter les famines. Le deuxième est d'alimenter les caisses des puissants pour soutenir les rivalités entre fiefs, entre familles et entre royaumes.

Mais c'est aussi le début d'un certain essor économique, principalement en Angleterre où l'industrie commence à se développer. Quelques penseurs pressentent les changements à venir et s'interrogent : quelles en sont les raisons ? Où mènent ces changements ? Les problèmes que se posent les premiers économistes classiques sont ceux du développement, de l'évolution économique à long terme et plus généralement du progrès économique.

Les économistes classiques rompent avec les « mercantilistes » du 17ᵉ siècle, qui se posaient en « conseillers du Prince » pour l'aider à s'enrichir, et s'intéressaient principalement au commerce international, à la fiscalité et à la monnaie. Pour Smith et les classiques, la « richesse des nations » ne se mesure pas au contenu de la cassette du Prince, mais au niveau de vie de ses sujets.

Autre idée révolutionnaire, déjà mise en avant par Platon au 4ᵉ siècle avant JC : cette richesse, c'est à dire le niveau de vie des gens, est due principalement à la division du travail et à sa contrepartie les échanges, c'est à dire au système économique. Pour comprendre ce système, il faut donc étudier avant tout les interactions entre les individus. C'est ce qu'on appellera plus tard l'individualisme méthodologique, que nous avons défini au chapitre précédent.

L'économie selon les classiques

Les classiques comprennent que le système qu'ils cherchent à expliquer est extraordinairement complexe, que chaque acte élémentaire produit une multitude d'effets, et que chaque effet résulte d'une multitude de causes. Il est donc illusoire de vouloir aborder des questions isolées de philosophie morale ou de conduite des affaires sans une vue générale de ces interactions. La tâche que se donnent ces économistes est d'observer, de décrire et d'expliquer les phénomènes réels et de débrouiller les liens qui lient les causes et les effets.

Adam Smith avait été précédé sur cette voie par plusieurs auteurs dont Cantillon (*Essai sur la nature du commerce en général*, 1755) et Turgot (*Réflections sur la formation et la distribution des richesses*, 1766). Avant eux, l'économie était une branche de la philosophie morale qui cherchait à définir le « juste prix » des choses, la « juste » attitude envers la richesse et la monnaie, ou la légitimité du prêt à intérêt. Avec les classiques, elle devient une discipline autonome qui vise à expliquer la réalité, et non à juger ou à prescrire. Elle cherche à dire quelles causes produisent quels effets, et non plus à dire aux hommes ce qu'ils doivent faire.

Face à cette complexité, la méthode adoptée par les classiques consiste à étudier les effets de chaque cause prise séparément, à isoler par la pensée les différentes modalités de l'action humaine pour en dériver les effets par un raisonnement logique. John Stuart Mill (1806-1873) utilise par exemple la fiction d'un « *homo economicus* » qui n'obéit qu'à ses intérêts matériels immédiats. Mais cela ne veut pas dire qu'il croit que l'homme réel n'obéit qu'à son intérêt, ni qu'il devrait n'obéir qu'à son intérêt. Cela signifie seulement qu'à ce stade de son étude, l'économiste choisit d'étudier les conséquences de la recherche par l'homme de son intérêt, en faisant temporairement abstraction de ses autres motivations.

Cette méthode d'analyse est abstraite au plein sens du mot, puisqu'elle consiste à raisonner sur des cas hypothétiques simplifiés qui ne peuvent pas se présenter dans la réalité. Mais elle n'a d'intérêt que si ces situations hypothétiques abstraites sont raisonnablement conformes à notre expérience. Il faut donc les construire à partir de l'observation des êtres humains réels et des sociétés humaines réelles, tels que nous les connaissons directement, et non à partir d'hypothèses arbitraires uniquement choisies pour faciliter le raisonnement.

En même temps qu'ils appliquent un raisonnement abstrait, les économistes classiques sont donc réalistes. D'une part les hypothèses qui définissent ces cas simplifiés sont bien présentes dans les cas réels. D'autre part ils n'oublient pas que, dans la réalité, toutes les causes dont ils ont étudié les effets séparément sont simultanément présentes. Ils savent d'emblée qu'aucune de leurs constructions théoriques ne peut à elle seule rendre compte de la réalité, et que pour expliquer les phénomènes réels, il faudra aussi faire intervenir d'autres considérations.

Cette conception de la discipline est celle que j'ai présentée au chapitre précédent. Elle est radicalement différente de celle qui est devenue dominante au vingtième siècle. Aujourd'hui, les économistes essaient de formuler des prévisions établies mathématiquement. Pour cela, ils utilisent eux aussi des modèles abstraits, mais dont le critère principal est de pouvoir s'exprimer sous forme d'équations et non de représenter fidèlement un aspect de la réalité. Ils évacuent souvent les individus pour chercher des relations directes entre des grandeurs agrégées, et privilégient l'étude d'hypothétiques situations d'équilibre au détriment des processus. Ils prennent comme modèle les sciences physiques, et fragmentent l'économie en sous-disciplines séparées.

Nous verrons plus loin comment s'est effectuée cette mutation. Retenons pour le moment que la conception réaliste de l'économie qui était celle des classiques a été pratiquée tacitement par tous, et explicitée par certains d'entre eux comme Jean-Baptiste Say (1767-1832), John Stuart Mill et John Elliott Cairnes (1823-1875). Elle est ce qui les unit le plus profondément, même s'ils diffèrent sur d'autres points. C'est en même temps ce qui les sépare des économistes du vingtième siècle.

Les différentes écoles classiques

La pensée économique classique se développe pendant plus d'un siècle, en parallèle avec la montée rapide de l'industrialisation et des problèmes sociaux qui l'accompagnent. Tout en restant fidèles à une même conception réaliste et en cherchant à appréhender les phénomènes économiques dans leur totalité, les économistes de cette période focalisent leur attention sur des questions différentes et adoptent sur certains sujets des positions qui ne sont pas partagées par tous. Cette diversification est à l'origine d'écoles de pensée concurrentes, dont certaines controverses sont encore vigoureuses de nos jours.

La première de ces différences concerne la conception de la valeur. Depuis l'invention de la monnaie, l'origine de la valeur des choses et la recherche du « juste prix » ont été au centre des réflexions de nombreux philosophes.

La tradition la plus ancienne remonte au 4e siècle avant JC avec le philosophe grec Démocrite. Pour lui, la valeur des choses n'est autre que l'évaluation du plaisir qu'on peut en retirer. Cette tradition, à laquelle le présent ouvrage est fidèle, se poursuit dans l'Antiquité grecque avec Aristote, puis avec Thomas d'Aquin (1225-1274) et les Scolastiques du XIVe au XVIe siècle. Les classiques français, dont les grandes figures sont Condillac (1714-1780), Turgot (1727-1781), Say et Bastiat (1801-1851) restent fidèles à cette conception subjective qui dit que la valeur n'est pas dans les choses, mais dans l'esprit de celui qui les regarde. En cela, ils rompent avec les Physiocrates qui, avec leur chef de file François Quesnay (1694-1774), pensaient que la terre est l'origine de la valeur de toutes choses, ce qui est assez compréhensible dans une société essentiellement agricole.

A la suite du philosophe anglais John Locke (1632-1704), Adam Smith, tout en reprenant les idées de Turgot mais plus fidèle à la quête du juste prix, propose une autre thèse : la valeur des choses est le travail humain qui a servi à les produire, et peut donc être établie de façon objective. Cette position, bien dans la tradition protestante pour qui le travail est la valeur suprême, sera développée par Ricardo (1772-1823) et deviendra un peu plus tard le fondement du marxisme.

Cette différence d'opinion n'est pas anodine. Si on pense que les choses ont une valeur intrinsèque indépendante des jugements humains, les économistes et les philosophes peuvent penser qu'une de leurs tâches est de découvrir cette

« vraie » valeur et de proposer les dispositions sociales qui feront correspondre les prix à ces vraies valeurs ; l'économie devient normative. Dans le cas contraire, la seule tâche de l'économiste est d'expliquer comment se forment les prix à partir des innombrables jugements de valeur subjectifs, et l'économie est une science purement descriptive.

Un autre grand débat oppose les optimistes libéraux aux pessimistes plus enclins à justifier l'intervention de l'État. Adam Smith et la grande majorité des classiques soutiennent que le libre jeu des intérêts individuels conduit au bien-être de tous. Ils ne font en cela que prolonger l'opinion de Montesquieu : « *chacun va au bien commun, croyant aller à ses intérêts particuliers*[16] » ou la réponse de Quesnay au Dauphin qui lui demandait ce qu'il devait faire pour gouverner : « *A votre place, Monseigneur, je ne ferais rien. – Mais alors, qui gouvernerait ? – Les lois.* »

Contre les monarchies qui dominent alors la vie politique, les économistes classiques sont presque tous d'ardents libéraux qui professent que l'État ne doit pas intervenir dans la vie économique et sont fidèles au principe « laissez faire, laissez passer », qui signifie en réalité « *laissez les producteurs produire, laissez les produits circuler* », une formule dont l'origine controversée est attribuée à Vincent de Gournay (1712-1759), le maître à penser de Turgot.

Mais quelques voix pessimistes se font déjà entendre. Malthus (1766-1834) doute que la production laissée à elle-même puisse correspondre exactement à la demande. Sismondi (1773-1842), ému par la condition des ouvriers dans les industries naissantes, se fait l'avocat d'une « juste » répartition des richesses, et recommande que l'État

---

16

De l'esprit des lois, Livre III, chapitre 7 (1748)

intervienne en ce sens. Ses termes « prolétariat » et « lutte des classes » seront repris par les premiers socialistes puis par Karl Marx (1813-1883), pour qui, comme pour Ricardo, le problème économique central n'est plus la production des richesses, mais leur répartition entre les classes sociales.

Dans Le Capital (1867), Marx reprendra l'idée de Smith que la valeur des choses est égale à la quantité de travail humain qui à servi à les produire, et poussera cette position jusqu'à ses plus extrêmes conséquences (certains diront les plus absurdes) : toute rémunération d'autre chose que le travail (manuel) ne peut être qu'une exploitation illégitime, et la société doit être organisée (par la Révolution) de telle façon que toute la propriété et tout le pouvoir soient entre les mains des « travailleurs ».

Il est vrai qu'au moment où s'est formée la pensée économique classique, les individus se rangeaient dans un petit nombre de classes bien distinctes dont ils ne sortaient qu'exceptionnellement. Une multitude de paysans était dominée par une caste de propriétaires terriens organisés en une hiérarchie de nature féodale. Quelques artisans locaux, quelques marchands et quelques banquiers formaient l'embryon d'une bourgeoisie. Il était donc acceptable de simplifier l'analyse en considérant les classes sociales comme représentatives des personnes qui les composent.

Si la distribution de la richesse entre les classes est un thème typiquement classique, les individus disparaissent du raisonnement marxien, qui ne s'occupe plus que des grandes masses et préfigure ce qu'on appellera la macroéconomie. De plus, l'approche marxienne conçoit la réalité économique comme une lutte entre classes sociales pour le partage d'une masse fixe de richesses. La discipline économique est donc fortement politisée, et vue comme un instrument au service des intérêts de classe.

L'application des thèses de Marx à la conduite de la société a partout amené la misère et la dictature, et toutes ses prédictions ont été démenties par les faits. Cette école de pensée n'en conserve pas moins une influence notable, principalement parce qu'elle sert de substrat idéologique à des positions politiques encore vivaces car répondant à la fois à des sentiments populaires et à la volonté de pouvoir des politiques.

En résumé, dès le dix-huitième siècle, à l'école classique française foncièrement libérale et adepte de la conception subjective de la valeur, s'oppose une école anglaise plus diversifiée, mais plutôt adepte de la valeur-travail et acceptant voire justifiant l'intervention de l'État dans l'économie. Pour des raisons historiques, cette école anglaise a pris le dessus sur l'école française, et son influence est beaucoup plus présente dans l'économie contemporaine, y compris paradoxalement chez les économistes de nationalité française.

Les marginalistes (1870-1920)

Pour beaucoup, c'est la « révolution marginaliste » qui marque le début de l'ère moderne de la discipline économique. On l'attribue à trois auteurs : l'autrichien Carl Menger (1840-1921), l'anglais William Stanley Jevons (1835-1882) et le français Léon Walras (1834-1924) par ordre d'apparition de leurs ouvrages majeurs : 1871 pour Menger (*Principes d'Économie*) et Jevons (*La théorie de l'économie politique*), 1874 pour Walras (*Éléments d'Économique Pure*).

Le marginalisme est en grande partie né d'une volonté de réfuter à la fois Marx et les auteurs de l'école historique allemande, qui soutenaient qu'il n'existe pas de lois générales en économie.

Ses trois fondateurs reprennent le problème de la distribution à partir de l'étude des échanges élémentaires sur une courte période. Leur idée fondamentale est la suivante : pour celui qui possède plusieurs unités d'un même bien, la valeur de chaque unité est d'autant plus faible que la quantité totale qu'il en possède est plus élevée. Un chou a plus de valeur pour celui qui en a deux que pour celui qui en a cent. Un euro a moins de valeur pour celui qui en a un million que pour celui qui n'en a que dix. C'est cette valeur d'une unité supplémentaire d'un bien, ou d'une unité en moins, qu'on appelle valeur **marginale** du bien.

Tant que je trouve quelqu'un pour me donner un bien dont j'estime la valeur marginale plus élevée que celle du bien que je lui donne en échange, l'échange peut avoir lieu. Il se poursuivra tant que, pour chacun des partenaires, la valeur du bien qu'il donne est inférieure à celle du bien qu'il reçoit, compte tenu des quantités qu'ils possèdent de l'un et de l'autre. C'est au moment où ces valeurs deviennent égales que les échanges se stabilisent. Ce sont donc les valeurs marginales qui déterminent les prix et les quantités échangées.

Ce principe « marginaliste » n'est pas vraiment nouveau. Il avait déjà été proposé par des auteurs de l'école classique comme Galiani ou Turgot. De même, les marginalistes réaffirment la conception subjective de la valeur, puisque la valeur d'un même bien est différente pour chaque agent, varie au fil du temps pour un même agent, et que cette différence est même la condition de l'échange. Le succès du marginalisme éclipse donc définitivement la thèse de la valeur-travail et confine le marxisme nouveau-né dans les limites de certains états et partis politiques.

Mais cette « révolution marginaliste » est aussi associée à d'autres novations sur lesquelles nos trois auteurs ont des positions très différentes, même si on a aujourd'hui tendance à prêter à tous les trois des positions qui sont essentiellement celles de Walras.

Sur le plan méthodologique, Menger est le continuateur des classiques, dont il reformule les conceptions que nous avons vues plus haut : réalisme abstrait, étude des processus, lois qualitatives. Malgré cela, il affirme qu'il rompt avec les classiques en récusant la thèse de la valeur-travail qu'il prête à tous, en semblant ignorer que l'école française avait adopté comme lui une conception subjectiviste de la valeur.

Au contraire, Jevons et Walras veulent révolutionner la discipline. Pour eux, l'économie doit prendre pour modèle les sciences physiques et plus précisément la mécanique rationnelle, et utiliser les mêmes méthodes mathématiques. Walras va jusqu'à représenter la vie économique par un système d'équations, et en recherche les solutions telles que les quantités de chaque bien qui sont offertes soient rigoureusement égales aux quantités demandées. C'est ce qu'on appelle la théorie de « l'équilibre général ».

Dans cette théorie, Walras et ses successeurs utilisent un modèle ultra-simplifié de l'agent économique. Ils supposent qu'il est parfaitement informé de tous les prix de tous les biens, qu'il est capable de calculer la valeur qu'il accorde à chaque bien à l'aide d'une formule mathématique simple, et de calculer sans erreur la combinaison exacte de biens qui lui procurerait la plus grande satisfaction possible. Ce modèle dit de l'*homo economicus* évacue de l'économie l'inconnu, l'irrationnel et l'imprévisible, et pour tout dire l'humain. De plus, ces économistes se focalisent sur l'échange au détriment de la production ; et en n'étudiant que les situations d'équilibre, ils éliminent le temps de leur raisonnement.

Walras et son disciple Vilfredo Pareto (1848-1923) pensent démontrer que l'économie tend spontanément vers l'équilibre et que cet équilibre est une situation optimale, dans la mesure où il est alors impossible d'améliorer la satisfaction d'un agent sans dégrader au moins autant celle d'un autre. Ce résultat est présenté par les uns comme une justification théorique du libéralisme économique, et par les autres comme la justification de mesures autoritaires destinées à créer les conditions de l'équilibre.

Marshall (1842-1924) tente de trouver une voie moyenne. Il se dit le successeur de Mill et Ricardo, se veut plus réaliste que Jevons et Walras, et se méfie des mathématiques bien que son premier métier soit celui de professeur de mathématiques (ou peut-être précisément pour cette raison...). Il rappelle dans son œuvre des principes méthodologiques qui sont ceux des classiques, mais en vain. A partir de 1920, l'école mathématicienne et l'étude des équilibres prennent irrésistiblement le dessus dans la communauté des économistes.

Keynes (1936)

La fin de la première guerre mondiale, puis la crise de 1929, suscitent de nombreuses vocations d'économistes contestataires et ravivent l'intérêt pour l'économie marxiste. Les questions d'actualité sont le chômage, la pauvreté, les taux d'intérêt, la crise économique. Or la théorie de l'époque explique les valeurs relatives des grandeurs économiques, comme les taux d'échange des biens entre eux, mais elle est muette sur leurs valeurs absolues, par exemple le taux d'inflation ou le taux de chômage. Comment expliquer ces phénomènes généraux et ces grandeurs synthétiques dont une approche reposant sur les comportements individuels ne rend pas compte ?

John Maynard Keynes (1883-1946) propose d'expliquer le comportement des agrégats par celui d'autres agrégats plutôt que de s'astreindre à remonter aux agents élémentaires. Il parle de « la consommation », de « la production », de « l'investissement » sans en détailler la composition, et veut établir des relations fonctionnelles entre ces grandeurs fictives et des grandeurs réelles comme le revenu total, la quantité de monnaie ou l'épargne.

Il invente ainsi une nouvelle branche de la discipline économique, la macro-économie, qui devient la discipline reine. On en attend non seulement l'explication des grands problèmes du monde – crise de l'emploi, développement, équilibres internationaux – mais aussi les remèdes à ces problèmes.

De plus, Keynes se pose en héritier des pessimistes comme Malthus, et pense que l'intervention de l'État est indispensable à la bonne marche de l'économie. Haut fonctionnaire de son métier, il adopte délibérément le rôle de conseiller du Prince et assigne aux économistes la mission de définir les politiques nationales, à charge pour les gouvernements de les mettre en œuvre en agissant sur les variables macroéconomiques et sur la monnaie.

D'un autre côté, dans sa conception de la discipline économique, Keynes est plus proche des classiques comme Mill, ou plus encore de Marshall, que de Walras. Il s'oppose vigoureusement à la démarche de l'économie walrasienne au nom du réalisme. Il rejette la recherche de l'équilibre comme sans rapport avec la réalité, et place le temps et l'incertitude au cœur des phénomènes économiques. De même, il fustige « *les économies mathématiques qui permettent aux auteurs d'oublier dans le dédale des symboles vains et prétentieux les complexités et les interdépendances du monde réel* ».

Keynes a été l'économiste emblématique de la deuxième moitié du vingtième siècle. Il a légitimé à la fois l'intervention de l'État et la profession d'économiste, en lui donnant pour fonction de conseiller les gouvernements dans leurs actions, considérées comme nécessaires pour assurer le bien-être général. Ce faisant, il a rejeté dans l'ombre les thèses libérales caractéristiques des classiques français.

L'ambition keynésienne de faire de la science économique l'instrument du bonheur des hommes, jointe à l'ambition walrasienne de faire de l'économie une science exacte, a fait tomber dans l'oubli la conception modeste que les classiques avaient de l'économie. En revanche, l'opposition profonde entre la pensée de Keynes et celle des émules de Walras a été largement occultée par l'école « de la synthèse » qui est devenue dominante à partir des années 1930 avec en particulier Paul Samuelson.

La discipline économique aujourd'hui

Dans la vaste communauté des économistes contemporains, toutes ces écoles de pensée sont présentes à des degrés divers. Une littérature abondante couvre une infinité de sujets apparemment sans lien les uns avec les autres. L'économie se présente comme une multitude de sous-disciplines : macro-économie, micro-économie, économie du travail, économie industrielle, économie des relations internationales, économie du développement, etc. Les économistes se réclament de multiples écoles : néoclassique, keynésienne, post-keynésienne, postmarxiste, régulationniste, évolutionniste, etc.

Cette fragmentation renie le grand apport des classiques, qui a été d'affirmer l'unité et l'originalité de la discipline, le même regard devant embrasser le court terme et le long terme, la production et la distribution, la macroéconomie et la microéconomie, etc. La « révolution marginaliste » des années 1870 a surtout marqué la fin de cette conception. Depuis la fin de l'époque classique, presque tous les économistes ne se sont plus occupés que de questions partielles comme l'équilibre ou de modèles simplifiés comme le célèbre *homo economicus*. Beaucoup, à la suite des marxistes, ont adopté une vue macro-économique en réduisant la société à deux ou trois « classes », ou ne se sont occupés que de la « distribution » en occultant la production,

Les marginalistes se sont ensuite limités à la très courte période, en étudiant les situations d'équilibre comme si les phénomènes économiques étaient instantanés, se réduisant à une vue statique de l'économie. Ils ont encore simplifié leur étude en adoptant une représentation abstraite schématique des phénomènes et des agents économiques afin d'appliquer les méthodes des sciences physiques.

De même, Keynes et les keynésiens, tout en rappelant utilement quelques vérités classiques (l'importance du temps, l'incertitude, l'inutilité des mathématiques) ont limité leurs études aux phénomènes monétaires dans le moyen terme et aux relations fonctionnelles entre grandes masses. Les innombrables écoles contemporaines traduisent la même volonté des économistes de se spécialiser dans une niche étroite pour se forger une réputation d'experts et échapper à l'accusation de superficialité qui menace les généralistes.

Malgré cette diversité apparente, l'enseignement de l'économie dans les universités est dominé par le « *mainstream* » ou « corpus central », dont la caractéristique essentielle est d'avoir adopté la méthode de travail des sciences physiques : poser des hypothèses non directement vérifiables, mais qui pourraient expliquer les phénomènes observés ; rechercher les conséquences logiques de ces hypothèses et tenter de vérifier que ces conséquences s'observent bien dans la réalité. Ses outils privilégiés sont la formalisation et le raisonnement mathématique, ce qui le conduit à évacuer l'être humain en le remplaçant par une « fonction de satisfaction », et les phénomènes réels en ne s'intéressant qu'aux conditions d'équilibre. Les économistes s'autorisent ainsi à inventer des visions du monde plus ou moins arbitraires, non conformes à l'observation, qui paraissent donc souvent absurdes. Comme toute vérification expérimentale est impossible en économie, ces visions du monde ne sont jamais définitivement réfutées et contribuent par leur invraisemblance à discréditer la discipline aux yeux des profanes.

Dans cette économie dite à tort « néoclassique[17] », on distingue à la suite de Keynes deux branches principales, qui sont enseignées comme deux disciplines séparées : la micro-

---

17   à tort, parce que, loin de la prolonger ou de la rénover, elle s'oppose fondamentalement à la conception classique.

économie traite des échanges entre agents, et la macro-économie traite des grandeurs agrégées comme le revenu national, le taux d'inflation, les taux de chômage, etc. Parce que la micro-économie n'étudie pas les grands problèmes du monde et qu'elle est très mathématisée, elle est souvent perçue comme un exercice purement académique. Que, dans sa version walrasienne, elle soit déconnectée de la réalité, est considéré comme sans grand inconvénient puisque la macro-économie prétend se suffire à elle-même. La micro-économie se transmet néanmoins de génération en génération d'enseignants.

Dans ce cadre général, les économistes se consacrent à une multitude d'études spécifiques sur des sujets particuliers qui permettent à chacun de se différencier de ses collègues et se construire une réputation de spécialiste. Ces développements ne sont pas tous aussi cohérents avec les fondements du courant central que leur révérence envers lui pourrait le laisser croire. Les hypothèses dont ils partent ne sont pas toujours cohérentes avec celles du modèle général, ni avec les conditions qui provoquent l'apparition dans la réalité des phénomènes étudiés.

Il en va de même pour les économistes professionnels qu'emploient les entreprises et les organismes de toutes sortes. Ceux-ci ont été formés dans le moule universitaire, mais étudient maintenant des problèmes particuliers du monde réel. Pour cela, ils mobilisent, de façon spécifique pour chaque problème, les connaissances et les techniques qu'ils ont apprises. Les hypothèses qu'ils emploient ne sont pas toujours les mêmes d'un problème à l'autre, ni cohérentes avec les hypothèses fondatrices du corpus central néoclassique, ni d'ailleurs avec celle de Keynes ou de Marx. La théorie économique est pour eux une boîte à outils plutôt qu'une théorie générale.

Un observateur porté à l'indulgence pourrait considérer tous ces développements comme des exemples d'application de la méthodologie des classiques, ou du précepte de Descartes « *décomposer la difficulté en autant de parties qu'il est nécessaire pour la résoudre* ». Encore faudrait-il que chacun de ces problèmes particuliers simplifiés corresponde à une partie de la réalité. Il ne suffit pas que ces problèmes partiels soient traités de façon rigoureuse, encore faut-il que leur analyse nous apprenne quelque chose sur le monde réel.

Dans les faits, jugées à l'aune de Say ou de Mill, ces analyses partielles se révèlent plus ou moins pertinentes. Le drame est qu'elles le sont d'autant moins qu'elles ambitionnent à plus de rigueur. Beaucoup éblouissent tellement par leur virtuosité mathématique qu'on ne voit pas que le problème qu'elles cherchent à résoudre est purement imaginaire, ou qu'elles laissent de côté des pans entiers de la réalité. Dans l'économie contemporaine, la sophistication mathématique tant recherchée est largement devenue un signe d'insignifiance.

Il y a même pire. Non seulement cette conception de l'économie ne contribue que de façon négligeable à la compréhension du réel, mais elle a accrédité auprès du grand public des mythes nuisibles. En étudiant la distribution de façon isolée, elle laisse croire que les biens existent a priori sans qu'on ait à les produire, et que les conditions de la distribution des richesses n'ont aucun rapport avec les conditions de leur production. C'est ce qu'on peut appeler le mythe du pays de Cocagne, qui domine tout un pan de la soi-disant « pensée » politique.

Un autre de ces mythes, pour s'en tenir aux plus pernicieux et aux plus répandus dans le public sensible aux thèses keynésiennes, est le mythe de la monnaie comme richesse, c'est à dire l'idée qu'il est possible d'accroître le bien-être des hommes en augmentant la quantité de monnaie, comme si les êtres humains se nourrissaient de pièces, se vêtaient de billets et se soignaient avec des chèques !

Un troisième est l'idée absurde et démentie tous les jours par les faits que les gouvernements détiennent la solution aux problèmes économiques du monde et la capacité de mettre ces solutions en œuvre.

Ces erreurs sont d'autant plus graves que les économistes ne se contentent pas de transmettre un savoir. Dans notre monde complexe où les phénomènes économiques ont pris une importance considérable, l'opinion publique et les responsables politiques attendent des prescriptions sûres et des prévisions exactes. Un nombre croissant d'économistes se posent en « conseiller du Prince », rôle plus prestigieux et plus recherché que celui d'humble observateur des faits, voire d'enseignant. Pour eux, la théorie économique, ou plutôt les théories économiques, deviennent ainsi des réservoirs d'arguments à l'appui de telle ou telle préférence idéologique. Aucune thèse n'y est jamais complètement réfutée parce qu'on réfuterait du même coup l'idéologie qu'elle soutient. Mais réciproquement, toutes les positions sont contestées, même les plus évidentes. Il ne faut pas s'étonner que l'économie soit perçue comme une science ésotérique réservée à une petite minorité et où les experts se battent entre eux sans grand espoir de s'entendre un jour.

De plus, dans ce rôle de conseiller du Prince, l'utilisation des mathématiques est un avantage : elle pare les raisonnements des économistes des attributs de la Science. Elle leur permet d'asseoir leurs positions sur des arguments que les destinataires sont incapables de contester, et de déguiser ainsi des préférences politiques en vérités scientifiques. De plus, en faisant croire que l'enseignement de l'économie exige un haut niveau préalable de connaissances mathématiques, elle fournit un prétexte pour priver l'ensemble des citoyens d'un savoir élémentaire qui est pour eux vital, mais qui leur permettrait de contester les ordonnances des charlatans de l'économie et de la politique.

Au total, je pense que le courant dominant de l'économie contemporaine fait fausse route. Tout ce qu'il a gagné en rigueur en voulant singer les sciences physiques, il l'a perdu en pertinence. Au bout du compte, on obtient des théories rigoureuses d'un monde imaginaire qui n'a plus rien à voir avec le nôtre. Ni les explications que donnent les économistes néoclassiques, ni les théorèmes qu'ils démontrent, ni leurs recommandations politiques ne concernent le monde dans lequel nous vivons, et il n'existe pas de situations réelles où leurs prescriptions pourraient s'appliquer.

Une première erreur fondamentale a été d'élever une analyse fragmentaire, celle de l'équilibre général walrasien, par ailleurs l'une des plus étroites dans son objet et la plus artificielle dans ses hypothèses, en dogme central de la discipline. La seconde a été de privilégier l'étude de grandeurs agrégées fictives et dénuées de signification en les détachant de l'étude des actes individuels.

Les positions dont se réclame ce livre

Dans cette littérature foisonnante, où trouve-t-on les quelques idées simples que j'ai présentées dans les chapitres précédents ? Et quel rapport ont-elles avec les théories contemporaines ?

L'histoire de la pensée économique nous apprend que, contrairement à ce que croient les économistes du courant dominant contemporain, la connaissance des phénomènes économiques ne progresse pas de façon constante et linéaire. Les textes les plus récents ne sont pas nécessairement les plus exacts ; les plus anciens ne sont pas nécessairement rendus obsolètes par les nouveaux. En tout état de cause, aborder l'économie par les écrits de Marx, de Walras, de Keynes ou d'auteurs plus récents, sans avoir d'abord assimilé les grands classiques comme Smith, Say ou Mill, ne peut créer que confusion mentale et idées fausses.

Bref, il faut renouer avec la tradition des économistes du dix-huitième siècle, et particulièrement celle des classiques français, qui concevaient la notion de valeur comme subjective et voyaient dans la liberté individuelle à la fois la valeur morale suprême et le critère de validité des actes économiques. L'auteur central de cette tradition est Jean-Baptiste Say, qui se caractérise aussi par la volonté d'écrire dans un langage simple pour instruire l'ensemble de l'humanité, comme l'a fait après lui Frédéric Bastiat.

Fort heureusement, cette tradition n'est pas morte : une poignée d'auteurs l'a maintenue vivace envers et contre tous, et a prolongé, précisé et perfectionné les conceptions classiques. Cette tradition, dite « autrichienne » à cause de la nationalité de ses principaux représentants Carl Menger (1840-1921), Eugen von Böhm-Bawerk (1851-1914), Ludwig von Mises (1881-1973) et Friedrich Hayek (1899-1992), est aujourd'hui ignorée ou méprisée par l'immense majorité des économistes ; c'est pourtant à elle que se rattache le présent ouvrage.

Sans entrer dans le détail, il est d'ailleurs frappant de constater que les développements les plus significatifs de l'économie contemporaine, qui valent à leurs auteurs la plupart des prix Nobel, sont ceux qui abandonnent certains dogmes constitutifs de la théorie néoclassique pour se rapprocher des conditions de la réalité, et réintroduisent à grand peine dans la théorie, un par un, des faits élémentaires mais fondamentaux que tout petit commerçant connaît d'instinct et qui forment la base de la tradition dite « autrichienne ».   Beaucoup   d'écoles   réputées « hétérodoxes » n'ont pour principale originalité que d'abandonner certaines hypothèses du courant dominant pour revenir aux conceptions des classiques.

Par exemple, la théorie de la concurrence imparfaite examine les interactions entre un petit nombre d'acteurs qualitativement différents, alors que l'économie walrasienne suppose un très grand nombre d'agents tous semblables. L'économie de l'information admet que tous les acteurs ne disposent pas des mêmes informations, et que celles dont ils disposent sont partielles et pas nécessairement exactes. De même, l'étude des entreprises et de la production ne peut avoir de sens que si elle porte sur les processus et non sur l'équilibre, et si elle réintroduit le temps, les limitations cognitives, la rationalité limitée, l'incertitude, le risque et l'erreur, comme le fait l'économie évolutionniste.

Même s'ils vont dans le bon sens, il n'est pas interdit de juger un peu pathétiques ces efforts pour traiter les phénomènes du monde réel à l'aide de théories construites sur l'hypothèse que ces phénomènes n'existent pas. Une excessive fidélité à la théorie « standard » est un obstacle au progrès de la connaissance, et le détour par l'économie néoclassique se révèle plus nuisible qu'utile. Il interdit par exemple de penser de façon pertinente les entreprises et les services, qui forment le tissu de l'économie contemporaine. Pour sortir de cette impasse, il faut revenir à la conception de l'économie que s'étaient forgée les classiques du dix-huitième siècle, et retrouver des vérités occultées depuis 150 ans, qui sont des évidences pour les praticiens de l'économie, comme elles l'étaient pour les économistes classiques.

Bien qu'il soit donc plus proche des auteurs du dix-neuvième siècle que des contemporains, je vois ce travail comme précurseur et non passéiste. Lentement et sûrement, bien que le plus souvent inconsciemment, le « *mainstream* » se rapproche de la tradition classico-autrichienne en adoptant un par un ses principes fondateurs. Je n'ai aucun doute que les économistes sauront progressivement retrouver la voie qu'ils ont abandonnée avec Walras et Keynes, et que l'économie finira par renouer avec ses racines classiques dont elle n'aurait jamais dû s'écarter. Mais d'ici là, que de temps perdu, que d'ignorance soigneusement entretenue, et que d'erreurs commises au nom de théories illusoires, que ce livre voudrait aider à dissiper !

Résumé

Les questions économiques ont été abordées depuis l'antiquité grecque par des philosophes qui cherchaient à définir le « juste prix » des choses, la « juste » attitude envers la richesse et la monnaie, ou la légitimité du prêt à intérêt.

Vers le milieu du XVIIIe siècle, l'économie devient une discipline autonome qui vise à expliquer la réalité, et non plus à juger ou à prescrire. Cet âge d'or classique est inauguré par des auteurs comme Cantillon, Turgot et Adam Smith, généralement considéré comme le père fondateur de l'économie.

Pour les classiques, la richesse se mesure au niveau de vie des individus, et cette richesse est due principalement à la division du travail et à sa contrepartie les échanges, c'est à dire au système économique. Dans leur très grande majorité, ils estiment que le pouvoir politique ne doit pas intervenir dans l'économie

Les classiques français restent fidèles à la conception subjective héritée des Grecs, pour qui la valeur n'existe que l'esprit des hommes. La plupart des classiques anglais recherchent un fondement objectif à la valeur, qu'ils placent dans le travail humain qui a servi à les produire. Cette position deviendra un peu plus tard le fondement du marxisme.

A la fin du XIXe siècle, la « révolution marginaliste » marque le début de l'ère moderne de la discipline économique. A la suite de Walras, la majorité des économistes prend pour modèle les sciences physiques et privilégie l'étude mathématique des équilibres en utilisant des modèles ultra-simplifiés des phénomènes économiques.

Au début du XXe siècle, Keynes propose d'expliquer directement le comportement des agrégats par celui d'autres agrégats. Il invente ainsi une nouvelle branche de la discipline économique, la macro-économie, qui devient la discipline reine. De nombreux économistes reprennent alors le rôle de conseillers du pouvoir politique.

Au XXIe siècle, les économistes se répartissent en de nombreuses écoles de pensée. Celle qui domine de loin a adopté les méthodes mathématiques et la primauté de la macro-économie. La tradition classique survit sous le nom de tradition « autrichienne ».

Conclusion – et maintenant ?

Ici s'arrête notre examen des faits fondamentaux de l'économie : l'échange, la production, la monnaie, la finance, le marché, l'État, le progrès. Comme promis, nous sommes restés au niveau des constats que chacun d'entre nous peut faire dans sa vie quotidienne, et des conséquences que chacun peut en tirer par un raisonnement simple.

Mais la réflexion que nous avons conduite à partir de ces faits fondamentaux nous a donné des réponses à l'énigme que nous avions posée dans l'introduction : Comment les humains s'organisent-ils pour faire ensemble ce qu'aucun d'entre eux ne pourrait faire seul, et comment est-il possible que chacun reçoive plus qu'il donne ?

Les raisons fondamentales de ce miracle sont la division du travail et l'accumulation de capital sous forme d'outils, tant intellectuels que physiques.

Ce qui assure le fonctionnement de ce système extraordinairement complexe, c'est d'une part le marché et son instrument la monnaie, qui en facilitant les échanges, permettent à tous de bénéficier du travail de tous, et d'autre part le système des prix, qui donne à chacun des indications résumées sur ce qu'attendent et ce que proposent les autres.

Ce qui pousse les gens à se rendre le plus utiles possibles, c'est le système de motivations par le profit (pour l'entrepreneur) et l'intérêt (pour l'épargnant), qui fait passer l'intérêt de la société dans les motivations personnelles de chacun, et qui vient compléter les tendances naturelles des humains à l'entraide, qui ne jouent que dans le cadre de relations directes et deviennent inopérantes à l'échelle de la société tout entière

Quelle que soit l'opinion qu'on ait sur les résultats que produit ce système, il faut bien savoir à quoi il sert et comment il fonctionne, surtout si on cherche à le critiquer et si on se fixe comme objectif de l'améliorer.

Résumons donc encore une fois ce que nous avons appris :

Les faits élémentaires

A de rares exceptions près, les êtres humains ne peuvent consommer que ce qu'ils ont d'abord produit. La production est l'activité centrale de l'économie. En se spécialisant sur ce que chacun sait le mieux faire et en échangeant leurs productions à travers le marché, les êtres humains peuvent augmenter leur bien-être. Tout ensemble d'échanges libres augmente la satisfaction des participants.

Les échanges n'ont lieu que si des gens différents ont des perceptions de la valeur opposées. La valeur, qui est l'espoir d'une satisfaction, n'est pas une grandeur mesurable et il est impossible à qui que ce soit de comparer ou d'additionner la satisfaction de deux personnes différentes. Les prix sont les seules grandeurs économiques qu'on puisse observer et mesurer.

Au moment où les biens arrivent à l'existence, ils sont la propriété de l'individu ou de l'entreprise qui les a produits. Il n'y a aucun instant où les produits n'appartiendraient à personne et seraient en attente de « répartition ». La distribution des produits entre les consommateurs se fait par échanges.

La monnaie est un instrument d'échange indirect. Sa valeur repose entièrement sur la confiance que les gens l'accepteront en échange de biens réels. La monnaie que détient un individu représente une créance sur les biens qui existent ou existeront au moment où il décide d'utiliser cette monnaie.

Créer de la monnaie ne crée aucune richesse réelle, mais donne des droits sur les biens réels à ceux entre les mains desquels apparaît cette monnaie. Si celui qui crée de la monnaie ne crée pas des biens réels équivalents, la création de monnaie, quel qu'en soit l'auteur, est une forme de vol dont sont victimes les possesseurs actuels de monnaie qui profite à ceux entre les mains de qui cette monnaie apparaît.Les entreprises sont le moyen pour les individus de s'insérer dans le processus de production et de trouver une utilité sociale. En plus de la production des biens et des services utiles à la collectivité, l'entreprise a pour fonction de répartir les revenus tirés de ces biens et services entre les personnes qui ont participé à la production.

Le revenu d'une entreprise est un indicateur de l'utilité que le marché accorde à sa production. Le profit est un indicateur de l'utilité de l'entreprise en tant qu'arrangement particulier de facteurs pour une production particulière. Une production n'existe que si au moins un entrepreneur a pensé en tirer un profit, et ne survit que s'il en tire effectivement un profit, ce qui est la même chose que de dire que la société en tire une utilité.

La fonction principale de la finance est faire passer de la monnaie des mains des épargnants vers les mains des entrepreneurs, qui la convertiront en moyens de production. La monnaie épargnée, c'est à dire détournée de la consommation immédiate, est ainsi investie, c'est à dire affectée à l'amélioration de l'appareil de production. L'épargne et l'investissement, autrement dit la formation de capital, sont nécessaires au progrès économique.

Le système financier confie l'argent des épargnants à des entrepreneurs, en échange de promesses de revenus futurs. Les marchés financiers servent à acheter et à vendre les titres qui concrétisent ces promesses. Leur prix se forme comme le prix de tous les biens, par confrontation entre l'offre et la demande, qui traduisent les opinions subjectives des êtres humains quant aux perspectives des entreprises.

Un marché n'est pas une personne, mais un lieu où se rencontrent des personnes qui ont des intérêts complémentaires afin de procéder à des échanges. Le « jugement du marché » est le résultat intégré des jugements des autres êtres humains. Plus un marché est libre, vaste et bien organisé, plus il est créateur de satisfactions.

Au fil du temps et des échanges, les prix de chacun des produits offerts par des producteurs différents se rapprochent d'un prix dit « de marché » qui représente un compromis entre ce que souhaitent les producteurs et ce qu'acceptent les consommateurs.

En cherchant à satisfaire leurs désirs aux meilleures conditions, les consommateurs choisissent les produits dont ils pensent qu'ils leur procureront le plus de satisfactions au plus faible coût. Ce faisant, ils poussent les producteurs à améliorer sans cesse leurs produits et à diminuer leurs prix.

Dans leur propre intérêt, les producteurs sont contraints de satisfaire au mieux les demandes des consommateurs. Cette concurrence fait disparaître les producteurs qui répondent le moins bien aux demandes des consommateurs, et fait apparaître des innovateurs qui pensent pouvoir satisfaire ces demandes mieux que les producteurs existants. De même que les consommateurs ne peuvent consommer que ce qui a été produit par les producteurs, les producteurs ne peuvent survivre qu'en produisant ce que les consommateurs désirent.

L'État est une organisation humaine dont la caractéristique distinctive est de pouvoir utiliser la contrainte, y compris la plus extrême, sur une certaine population.

Puisque ses actes ne sont pas soumis au quotidien et en détail au jugement de ceux au bénéfice desquels ils sont censés être entrepris, l'État n'a pas le moyen de savoir s'il fait bien ce que souhaite la population, et s'il le fait de la meilleure façon possible. Contrairement aux entreprises privées, l'État peut persévérer dans des activités inutiles ou improductives, et même aller d'erreur en erreur sous prétexte de corriger ses erreurs précédentes.

L'État ne peut pas créer de richesse, en tout cas pas autant que le feraient avec les mêmes moyens les entreprises privées : il ne peut que les redistribuer en prenant aux uns pour donner aux autres. Le choix de ces uns et de ces autres est l'essentiel de la politique.

Les interventions de l'État dans la production et les échanges entraînent le plus souvent des effets réels contraires aux objectifs qui avaient motivé ces interventions. En particulier, quand l'État dépense plus qu'il reçoit, ce qu'il peut faire par la création de monnaie ou la dette publique, le résultat net est en réalité un appauvrissement de la société.

Les conséquences des actions de l'État ne sont pas différentes de celles qu'auraient ces mêmes actions si elles étaient le fait d'autres personnes. Le gouvernement n'est pas tout-puissant. S'il ne veut pas nuire à l'économie du pays, ses marges de manœuvre sont très étroites. Plus son pouvoir réel est grand, et plus les citoyens en attendent parce qu'ils le croient tout-puissant, plus ses actes risquent d'être néfastes.

Un guide de lecture

Cet ouvrage élémentaire n'aborde pas, loin s'en faut, tous les sujets que traitent les manuels d'économie, ni tous ceux qui font l'objet de débats d'actualité. Mais s'il a pu vous convaincre d'examiner de plus près ces controverses, et vous armer pour les comprendre et y prendre parti, il aura déjà atteint une bonne partie de son but. S'il vous a intéressé ou intrigué, vous voudrez peut-être poursuivre vos lectures, que ce soit pour compléter et valider vos connaissances fondamentales ou pour examiner des problèmes particuliers du monde contemporain.

Il vous sera difficile de trouver des ouvrages récents qui développent les idées présentées dans ce livre, surtout en langue française. En effet, bien qu'elles aient prévalu depuis les lointaines origines de la pensée économique jusqu'au

début du vingtième siècle, ces idées ont été maintenant
éclipsées par le « *mainstream* » dominant. Les traités
généraux suivent donc le plus souvent la tradition
walrasienne de l'équilibre général ou la tradition
keynésienne de l'étude de grandeurs macroéconomiques
agrégées, deux approches dont nous avons vu la fragilité aux
chapitres 8 et 9.

Si vous souhaitez découvrir l'origine de la pensée
économique, il faudra vous tourner vers les grands
classiques antérieurs à 1870, et singulièrement ceux de
l'école française. Plutôt que la très célèbre Richesse des
Nations d'Adam Smith, je recommanderais principalement
Turgot, qui est le véritable fondateur de l'école classique
(*Réflections sur la Formation et Distribution des Richesses*[18]
de 1766), et Jean-Baptiste Say (le *Traité d'Economie
Politique*[19] de 1803), qui a repris la part la plus solide des
idées de Smith et corrigé certaines de ses insuffisances. Par
la suite, Frédéric Bastiat a rappelé quelques évidences sous
une forme particulièrement plaisante[20].

Les autres grands noms de l'école classique anglaise que
sont Malthus, John Stuart Mill ou Ricardo, s'ils sont
importants pour l'histoire de la pensée économique,
n'ajoutent pas grand chose d'utile aux auteurs ci-dessus, du

---

[18]

GF-Flammarion, 1997

[19]   malheureusement épuisé, mais disponible sur le site Gallica de
la Bibliothèque Nationale. Paradoxalement, une récente traduction en
anglais est disponible sous le titre *A Treatise on Political Economy*
(Transaction Publishers, 2001).

[20]   un bon recueil de ses meilleurs pamphlets est intitulé Ce qu'on
voit et ce qu'on ne voit pas (Romillat, 1993)

moins au niveau élémentaire qui nous concerne. De l'école marginaliste de 1870, il faut impérativement retenir les *Principes d'Economie* de Menger[21]. Quant à Marx, Walras ou Keynes, ils ouvrent autant de fausses pistes sur lesquelles il vaut mieux ne pas s'engager tant qu'on n'a pas assez bien assimilé les faits fondamentaux pour pouvoir les lire d'un œil critique.

Plus près de nous, l'ouvrage de référence qui résume, développe et prolonge la pensée économique classique est la somme monumentale de l'autrichien Ludwig von Mises *L'Action Humaine, Traité d'Economie*, paru en 1949. Bien qu'il soit ignoré ou méprisé (et souvent les deux à la fois…) par la plupart des économistes universitaires, c'est **LE** livre que toute personne désireuse de comprendre quelque chose à l'économie devrait avoir lu. Malheureusement, sa traduction française[22] est épuisée, mais il en existe un abrégé récent dû à l'auteur du présent ouvrage[23].

Parmi les ouvrages récents plus facilement accessibles, je recommande chaudement les *39 leçons d'économie contemporaine* de Philippe Simonnot[24], qui a de plus l'intérêt de renvoyer à un très grand nombre de références additionnelles et peut ainsi servir de bibliographie. Si le présent ouvrage est le cours élémentaire d'économie, le livre de Philippe Simonnot serait le cours moyen, et *L'Action Humaine* de Mises le cours supérieur.

---

[21]   malheureusement, aucune traduction en français n'est disponible

[22]   Presses Universitaires de France, 1973

[23]   Abrégé de L'Action Humaine, Traité d'Economie (Les Belles Lettres, 2004)

[24]   Gallimard, collection Folio/Actuel, 1998

Que penser des innombrables ouvrages d'économie contemporains, des articles, des livres, des thèses ?

Un premier test simple, qui ne nécessite qu'un coup d'œil superficiel, vous permettra d'éliminer bon nombre d'ouvrages. Sauf si vous êtes vous-même mathématicien et si les équations sont votre langage de prédilection, n'ayez aucun scrupule et aucune honte à refermer sans les lire tous les écrits dont le niveau mathématique vous dépasse. Les mathématiques peuvent être un outil commode pour ceux à qui elles sont familières, mais ne sont aucunement indispensables à l'économie. Comme nous l'avons vu au chapitre 8, plus un développement est élégant sur le plan mathématique, moins il a de chances d'être pertinent pour comprendre l'économie réelle.

Le grand économiste du début du vingtième siècle Alfred Marshall, dont le premier métier était celui de professeur de mathématiques, donnait à peu près ce conseil à ses collègues : « *Utilisez les mathématiques comme une sténographie, pas comme un outil de raisonnement. Quand vous êtes arrivé à un résultat, exprimez-le en langage courant et brûlez les mathématiques. Et si vous n'y arrivez pas, brûlez le tout* »[25]. N'ayez donc aucun scrupule à ignorer les ouvrages que leurs auteurs auraient dû brûler eux-mêmes.

Outre l'usage des mathématiques, celui de certaines expressions doit éveiller vos soupçons. Ce sont en particulier toutes celles qui désignent des constructions intellectuelles artificielles destinées à permettre le raisonnement mathématique. Parmi les plus couramment utilisées : équilibre, optimum, fonction de consommation, fonction de

---

[25]   *(1) Use mathematics as a short-hand language, rather than as an engine of inquiry. (2) Keep to them till you have done. (3) Translate into English. (4) Then illustrate by examples that are important in real life. (5) Burn the mathematics. (6) If you can't succeed in 4, burn 3.* (Lettre du 27 février 1906)

production, courbe d'offre, courbe de demande, concurrence pure et parfaite, *homo economicus*. Autant de symptômes du pur jeu intellectuel qu'est trop souvent devenue l'économie, indiquant que les développements qui les contiennent sont de peu d'utilité pour comprendre le monde réel.

Au cours des lectures que vous retiendrez, interrogez-vous constamment sur les définitions des termes utilisés. De quoi, et surtout de qui parle-t-on ? Trop souvent, les économistes inventent une construction intellectuelle artificielle, la désignent par un mot du langage courant, puis raisonnent de façon abstraite sur cette construction, et enfin appliquent abusivement les conclusions de ce raisonnement à ce que ce même mot désigne dans la réalité. Un exemple frappant est le mot « concurrence », qui dans l'immense majorité des écrits économiques du courant dominant désigne justement l'absence de ce que vous et moi appelons concurrence, c'est-à-dire la rivalité active entre entreprises qui offrent des produits substituables.

Quand vous rencontrerez le terme « agent économique », sachez que c'est de vous qu'il est censé s'agir, et quand vous lirez des hypothèses sur son comportement, demandez-vous si c'est bien comme ça que vous vous comportez. Si vous ne vous reconnaissez pas dans cet « agent économique » qu'on vous présente, inutile de poursuivre la lecture. Car tous les phénomènes économiques résultent de l'action des êtres humains que nous sommes, et n'ont de sens que pour les êtres humains. Quand on vous parle d'automates, on ne vous parle pas de la société humaine. Cherchez toujours à voir les humains en chair et en os derrière les mots abstraits.

Quand vous lirez que telles causes entraînent telles conséquences, rappelez-vous que ces causes ne peuvent être que l'action de certaines personnes. Des constructions abstraites comme « le capital », « la monnaie », « l'inflation », « l'épargne » ou « l'investissement » ne peuvent pas agir : elles ne peuvent être, au mieux, qu'un nom collectif qu'on donne aux actions d'êtres humains ou à leurs manifestations.

Vous éliminerez de cette façon une bonne partie des théories où les phénomènes économiques apparaissent comme dépersonnalisés, que ce soit les théories mathématiques où l'être humain est réduit à une « fonction de satisfaction » et l'entreprise à une « fonction de production », ou les raisonnements macro-économiques où des agrégats statistiques paraissent doués d'une vie propre.

Méfiez-vous aussi des théories trop étroites, qui prétendent traiter une question particulière sans faire appel à une vue générale des phénomènes. En économie, tout se tient et aucune sous-discipline ne peut se construire isolément. Tout phénomène économique a deux faces : ce qui est consommé doit d'abord avoir été produit, chaque échange a une contrepartie, tout ce qui entre dans la poche de l'un sort de la poche d'un autre et vice-versa, chacun est à la fois consommateur et producteur. Quand vous croyez avoir compris un phénomène, demandez-vous quelle est sa face cachée.

Économie et politique

Les quelques vérités élémentaires que nous avons découvertes dans les chapitres précédents devraient vous aider à vous faire une opinion sur les propositions des politiques, ceux veulent agir pour le bien de la collectivité et ceux qui veulent réguler l'économie, mais aussi ceux qui critiquent le « système », voire prétendent le changer.

Rappelez-vous ce que nous avons vu au chapitre 8 : les lois élémentaires de l'économie sont très simples, mais se manifestent sous forme de combinaisons complexes. Chaque action produit une infinité d'effets qui s'enchaînent dans le temps. Chaque action, chaque décision a des effets à court terme, des effets à moyen terme et des effets à long terme, qui touchent des personnes différentes de façons différentes.

Il y a toujours ce qu'on voit, la seule chose qui intéresse les politiques, et ce qu'on ne voit pas, que les économistes doivent mettre à jour.

De plus, parce que toute l'économie concerne des actes humains et des perceptions humaines entre lesquels s'interposent d'innombrables actions d'innombrables êtres humains, il n'y a pas de relations constantes qui puissent se traduire par des formules immuables. Tous les faits économiques observables résultent de la conjonction d'une infinité de circonstances particulières qui ne sont ni contrôlables ni reproductibles, et il est impossible de vérifier les lois économiques de la même façon qu'on vérifie les lois physiques.

C'est pourquoi il y a en économie tant d'écoles de pensée incompatibles, exploitées par autant de partis politiques opposés. Tout a été dit et son contraire. N'acceptez donc jamais un argument d'autorité du genre : « C'est forcément vrai puisque tel grand auteur l'a dit ». Pour toute idée imaginable, y compris les plus saugrenues, on peut toujours trouver un économiste réputé qui l'a soutenue et un autre tout aussi réputé qui l'a combattue.

Essayez toujours de vous forger votre propre opinion en confrontant les opinions opposées. Mais rappelez-vous ce que disait John Stuart Mill : « *En économie politique, les plus grandes erreurs proviennent de ce qu'on oublie les vérités les plus évidentes* ». Ne perdez donc jamais de vue les quelques faits fondamentaux que nous avons rencontrés.

Jusqu'ici, je me suis contenté de décrire, en essayant de ne pas trop prendre parti, sans toujours y réussir d'ailleurs. Nous avons vu « comment ça marche », mais tout ça fonctionne-t-il bien ou mal ? Que faire pour améliorer la situation ?

Et d'abord, quels sont les critères de jugement ? Nous avons vu dès l'introduction que l'économie, c'est les dispositions sociales à travers lesquelles les êtres humains se rendent mutuellement des services, au premier rang desquelles la division du travail et l'échange. La fonction de ces dispositions est d'ajuster les activités de tous aux désirs de tous, et leur raison d'être est de contribuer au bonheur des hommes.

L'idéal serait évidemment que chacun ait absolument tout ce qu'il désire, et que chacun fasse exactement ce qu'il a envie de faire. Il est clair que cet idéal est impossible à atteindre. Rappelons-nous la loi fondamentale : à de rares exceptions près, les êtres humains ne peuvent consommer que ce qu'ils ont d'abord produit. Donc, si personne ne faisait rien, personne n'aurait rien ; et si chacun ne faisait que ce qu'il a envie de faire, ce qui en sortirait ne correspondrait probablement pas à ce que les autres désirent. A l'inverse, pour que tout le monde ait ce qu'il désire, il faudrait forcer un grand nombre de gens à faire des choses qu'ils ne veulent pas faire.

Il faut donc trouver le meilleur compromis, ou un compromis acceptable, qui aboutisse à produire globalement le plus possible de choses désirées par les autres, en y consacrant le moins d'efforts possible. Un système sera meilleur qu'un autre s'il permet d'approcher de plus près cet idéal. Mais nous avons vu qu'il n'existe pas de mesure de cette proximité. On ne peut donc pas parler de système « optimal » ni du « meilleur système possible ». On ne peut au mieux que progresser modestement d'un système à un autre un tout petit peu meilleur, ou un tout petit peu moins mauvais.

En revanche, il existe des contraintes incontournables, qu'il vaut mieux connaître plutôt que s'épuiser en tentant de s'en affranchir : d'une part des nécessités logiques, d'autre part des lois générales du comportement des êtres humains.

Premièrement, tout ce qui a de la valeur n'existe qu'en quantité limitée, inférieure par définition à la somme de tous les besoins qui pourraient être ressentis ou exprimés. Toutes les ressources sont rares à des degrés divers. Rien ni personne, aucune théorie ingénieuse ni aucun décret d'un quelconque gouvernement, ne peut faire que tous les désirs de tous les hommes, aussi légitimes qu'ils puissent être, soient instantanément satisfaits. Ceux qui le croient sont des naïfs et ceux qui le promettent sont des escrocs.

Deuxièmement, on ne saurait trop le répéter, tout ce qui est consommé doit d'abord avoir été produit. Toutes les richesses sont le produit du travail des hommes. Plus un groupe d'hommes produit de choses utiles, plus il est riche. De plus, il n'y a aucun instant où ces richesses n'appartiendraient à personne et seraient en attente de « répartition ». Il n'existe nulle part un gros tas de « richesses » prêtes à être distribuées. Les richesses s'échangent entre les membres de la société au fur et à mesure qu'elles sont produites. C'est en participant à la production que chacun acquiert le droit de consommer une part de cette même production.

Or rien ne peut faire que des hommes travaillant isolément produisent plus de richesses que les mêmes hommes organisés de façon à se répartir le travail et à confier à chacun les tâches où il est le plus efficace. Rien ne peut faire que les hommes produisent autant de richesses avec leurs mains nues que quand ils sont équipés d'outils efficaces, c'est-à-dire de capital. Et rien ni personne ne peut rendre les hommes plus heureux en les empêchant d'échanger ce qu'ils veulent, quand ils veulent, aux conditions qu'ils veulent, avec qui ils veulent.

Le meilleur système sera donc toujours celui qui non seulement facilite, mais aussi encourage le plus la production, la division du travail, les échanges, la formation de capital. Les obstacles à abattre sont toutes les formes d'isolationnisme et de protectionnisme, toutes les entraves à la libre circulation des choses, des personnes et des idées.

Ne nous laissons pourtant pas aller à l'angélisme. Même le meilleur des systèmes possibles ne sera jamais qu'un compromis, et tout compromis laisse nécessairement des gens insatisfaits.

Mais devant des situations qui nous choquent, ne cherchons pas de coupables ni d'odieux comploteurs. La réalité économique est faite des actions de tous les humains et de leurs réactions aux évènements et aux actions des autres humains. Même si elle n'est souvent pas ce que nous aurions souhaité, elle est le résultat inéluctable de nos actes et de ceux de nos congénères. Il n'y a pas d'un côté la société des hommes et de l'autre « l'économie » ou « le marché », qui seraient des êtres mythiques malfaisants dont il faudrait se libérer pour trouver le bonheur universel. L'économie et le marché, c'est nous tous ; leurs lois, ce sont celles de notre comportement collectif. Le « jugement du marché », c'est le résultat intégré des jugements des autres êtres humains.

Bien que ce soient les conséquences de nos actes, les situations concrètes peuvent ne pas nous satisfaire, que ce soit pour nous-mêmes, pour nos descendants ou pour certains de nos congénères. Elles nous étonnent souvent, elles nous indignent quelquefois. Nous voudrions que les lois qui lient nos actes à leurs conséquences soient différentes. Nous aimerions tous que le monde soit autre que ce qu'il est, ou que ses lois ne s'appliquent pas à nous.

Il faudrait pour cela que nous changions tous notre comportement habituel, ce qui est certes envisageable, mais seulement par pas infiniment petits, dont chacun est entièrement soumis à la réalité du moment et n'affecte celle-ci que de façon infime. Pour chacun d'entre nous et pour l'horizon de nos actions, les lois de l'économie s'imposent de façon immuable.

N'écoutez donc pas ceux qui réclament « une autre économie » qui serait enfin « au service de l'homme », ou qui rêvent d'une société « débarrassée de l'économie ». Ce n'est pas en inventant des théories qui nous conviendraient mieux que nous pouvons changer la réalité.

Certains rêvent d'un pouvoir suprême qui pourrait tout changer par un coup de baguette magique, et voient dans l'État ce bienfaiteur omnipotent et omniscient. D'autres continuent à appeler de leurs vœux « la Révolution » qui remplacerait d'un seul coup les règles actuelles par de nouvelles règles plus justes. Toutes les tentatives en ce sens ont servi de prétexte à d'atroces tyrannies et ont fini par échouer dans la misère généralisée et la guerre de tous contre tous.

Plus modestement, d'autres acceptent l'idée que le libre fonctionnement du marché donne des résultats somme toute acceptables, pour autant que ce marché soit encadré par des règles imposées par l'État, et que ce dernier intervienne pour corriger les injustices. Nous avons vu au chapitre 6 ce qu'il convient d'en penser.

Il est vital de se débarrasser de toute confiance superstitieuse en l'État. Le gouvernement n'est pas tout-puissant. S'il ne veut pas nuire au bien-être des citoyens, ses marges de manœuvre sont très étroites. Plus son pouvoir réel est grand, et plus les citoyens en attendent parce qu'ils le croient tout-puissant, plus ses actes risquent d'être néfastes. Compter sur l'État pour résoudre les problèmes économiques de la société est la façon la plus sûre, mais aussi la plus hypocrite, de faire en sorte que ces problèmes ne soient pas résolus.

Renvoyez donc à leurs rêves ou à leurs mensonges tous ceux qui promettent des « lendemains qui chantent », à la seule condition que vous remettiez votre sort entre leurs mains. Ne comptez que sur vos propres actions. Pour vous rendre utiles à vos semblables, agissez de votre mieux là où vous êtes, avec les moyens que vous avez, en vous laissant guider par les signaux que vous envoie le marché, et en mettant à profit les quelques connaissances que, j'espère, ce livre vous aura apportées.

Si vous avez aimé ce livre
merci de le faire connaître autour de vous
et de laisser votre appréciation sur le site Amazon

contact auteur/éditeur
gdrean@sfr.fr